大数据背景下的
高职院校专业群建设研究

宿宏毅 著

延吉·延边大学出版社

图书在版编目（CIP）数据

大数据背景下的高职院校专业群建设研究 / 宿宏毅著. -- 延吉：延边大学出版社，2024.7. -- ISBN 978-7-230-06830-7

Ⅰ．G718.5

中国国家版本馆 CIP 数据核字第 2024T3G318 号

大数据背景下的高职院校专业群建设研究

著　　者：宿宏毅
责任编辑：朱秋梅
封面设计：文合文化
出版发行：延边大学出版社
社　　址：吉林省延吉市公园路 977 号
邮　　编：133002
网　　址：http://www.ydcbs.com
E-mail：ydcbs@ydcbs.com
电　　话：0433-2732435
传　　真：0433-2732434
发行电话：0433-2733056
印　　刷：三河市嵩川印刷有限公司
开　　本：787 mm×1092 mm　1/16
印　　张：8
字　　数：130 千字
版　　次：2024 年 7 月　第 1 版
印　　次：2024 年 8 月　第 1 次印刷
ISBN 978-7-230-06830-7

定　　价：58.00 元

前　言

在信息化浪潮席卷全球的今天，大数据技术正以前所未有的速度重塑各行各业，教育行业也不例外。高职院校作为培养高素质技能型人才的重要基地，其专业群建设研究在大数据背景下显得尤为关键。本书旨在探讨大数据背景下高职院校专业群建设的问题与成因、数字化管理与课程体系构建等，为高职院校的专业群建设提供一定的理论支持和实践指导。

随着中国特色高水平高职学校和专业建设计划（简称"双高计划"）的深入推进，高职院校高水平专业群建设已成为提升学校核心竞争力、促进教育教学改革、满足经济与社会发展需求的重要抓手。在大数据技术的赋能下，高职院校专业群建设迎来了新的发展机遇。通过深入挖掘和分析大数据，我们可以更加精准地把握高职院校专业群建设的发展方向，优化专业布局，提升教育教学质量，推动专业群与产业群、创新链、人才链的深度融合。

本书将从高职院校专业群建设的背景、核心概念、意义、任务及其相关研究入手，深入分析当前高职院校专业群建设存在的问题及其原因，提出针对性的对策和总体策略。同时，本书将重点探讨大数据背景下高职院校专业群建设的价值取向、实践路径，以及高水平专业群建设的数字化管理。最后，本书将构建基于大数据应用的高职院校专业群课程体系，探究大数据应用技术人才培养模式，以期为高职院校专业群建设的创新发展提供有益的借鉴。

目 录

第一章 高职院校专业群建设概述 ·································· 1
第一节 高职院校专业群建设的背景 ·································· 1
第二节 高职院校专业群建设的核心概念 ······························ 3
第三节 高职院校专业群建设的意义 ·································· 6
第四节 高职院校专业群建设的任务 ·································· 8
第五节 高职院校专业群建设相关研究 ······························ 14

第二章 高职院校专业群建设的问题与对策 ·························· 25
第一节 高职院校专业群建设存在的问题 ···························· 25
第二节 高职院校专业群建设问题原因分析 ·························· 31
第三节 高职院校专业群建设的总体策略 ···························· 35

第三章 高职院校专业群建设的价值取向与实践路径 ·················· 44
第一节 高职院校专业群建设的价值取向 ···························· 44
第二节 高职院校专业群建设的实践路径 ···························· 61

第四章 大数据背景下高职院校高水平专业群建设的管理 ·············· 77
第一节 "双高计划"背景下
高水平专业群建设的内涵要求 ···································· 77
第二节 高水平专业群实施数字化管理的重要意义 ···················· 79
第三节 高职院校高水平专业群数字化管理的关键点分析 ·············· 81
第四节 基于大数据应用的高水平专业群管理体系构建 ················ 87

第五章 大数据背景下高职院校专业群课程体系构建……………………**92**
　　第一节 信息技术下高职院校专业群课程体系构建……………………**92**
　　第二节 高职院校专业群通用模块化课程体系构建……………………**104**
　　第三节 基于1+X证书制度的高职院校专业群课程体系构建……………**108**
　　第四节 高职院校大数据技术应用专业人才的培养模式……………**116**

参考文献………………………………………………………………………**120**

第一章 高职院校专业群建设概述

第一节 高职院校专业群建设的背景

一、职业教育地位和作用日益凸显

随着全球化竞争的加剧以及产业结构调整的不断升级，国家和社会对于高素质技术技能型人才的需求愈发迫切。职业教育作为连接教育与产业、知识与技能的重要桥梁，其战略地位得到了前所未有的提升。政府政策的持续支持，如加大对职业教育的投入力度，推动产教融合、校企合作等，为职业教育的发展提供了强有力的保障。职业教育不再仅是教育体系的补充部分，而是成为了培养多样化人才、促进就业创业、服务于经济与社会发展的重要途径。

高职院校专业群建设作为职业教育改革与创新发展的重要举措，是在深入分析区域经济发展趋势和行业、企业人才需求的基础上，对传统专业设置模式的一种优化与升级。它强调以产业链、岗位群为依据，整合优化教育资源，形成专业间的有机联系与协同效应，旨在培养具有跨专业能力、适应性强的复合型技术技能人才。这种集群化的专业布局，不仅能够更好地对接市场需求，提升教育服务产业的能力，而且能够促进教育资源的高效配置与利用，增强职业教育的内在活力和外在竞争力。

二、专业建设是职业教育高质量发展的重要抓手

高职院校的专业建设涉及高职院校人才培养的各个方面，是一项复杂的系统性工程。伴随着经济结构调整和企业转型升级，调整专业结构成为高职教育适应产业转型发展的必然要求。然而，目前我国高职院校专业建设存在诸多问题和制约因素，如人才培养目标定位不明确、人才培养模式陈旧、专业教学质量评价体系不完善、专业建设资金投入不足等。虽然专业数量越来越多，但是专业建设与行业、企业发展严重脱节，专业人才培养规格和质量远未达到预期。

专业建设是高校的立身之本，专业定位是否准确、专业特色是否明显也是衡量高职院校办学水平的重要指标。为应对内部、外部环境变化带来的新挑战，高职院校应在专业结构上主动对接、快速优化。高职教育正迈向从注重外延转向注重内涵、由规模扩张转向提高质量和特色发展的新阶段，提升专业建设水平，提高人才培养质量，增强职业教育适应性已经成为高职院校发展的重点。

三、"双高计划"推动高职院校专业群建设

"双高计划"作为我国职业教育发展的重要战略举措，对高职院校专业群建设起到了显著的推动作用。该计划旨在通过建设一批高水平高职院校和专业群，引领职业教育服务国家战略、融入区域发展、促进产业升级，从而增强职业教育的适应性和吸引力。

在"双高计划"的指引下，高职院校积极调整和优化专业结构，形成了与区域经济和社会发展紧密对接的专业群。这些专业群不仅涵盖了传统优势专业，而且涵盖了新兴产业和现代服务业等领域，形成了多元化、特色化的专业格局。同时，高职院校还加强了与企业、行业的合作，共同推动专业群的内涵建设，提高人才质量和服务社会的能力。

在"双高计划"的推动下，高职院校专业群建设取得了显著成效。一方面，高水平专业群的建设提升了高职院校的整体办学水平和社会声誉，吸引了更多的优质生源和教学资源；另一方面，高水平专业群与产业的深度融合为区域经济与社会发展，提供了有力的人才支撑和智力支持。

第二节 高职院校专业群建设的核心概念

一、专业与专业建设

（一）专业

国内外学者对于"专业"一词并没有形成统一的理论认识，从不同的角度进行分析，会有不同的表述。

从词源上看，《教育大辞典》认为"专业"译自俄文，指"中国、苏联等国高等教育培养学生的各个专门领域。大体相当于《国际教育标准分类》中的课程计划（program）或美国高等学校的主修（major）"。这种观点将专业视为高等学校培养学习者的基本组织形式。

《高等教育学》将"专业"解释为课程的组合，认为"专业"是课程的一种组织形式。

《辞海》对"专业"的定义是："高等学校或中等专业学校根据社会专业分工的需要而设立的学业类别。"这个定义将专业视为高等学校内部的教育基本单位，即一种学业类别。

《教育管理辞典》对专业的定义与《辞海》一致，认为"专业"是高等学校或中等专业学校根据社会分工需要所划分的学业门类。各专业都有独立的教学计划,以体现各专业的培养目标和要求。

类似的解释还包括《实用教育大词典》对"专业"的定义,即"依据社会分工和经济社会发展需要,以及学科的发展和分类状况而划分的学业门类"。

还有学者从职业的角度解释专业,认为"专业"是指某种职业不同于其他职业的一些特定的劳动特点,也可指某些特定的社会职业或"专业性职业"的缩写,其共性就是每个专业都有科学的知识体系。但是在高等职业教育领域,专业与社会职业之间不存在严格的一一对应关系,因此不能将专业与社会职业等同。

尽管有关专业的表述不尽相同,但仍可从中提炼出共通的核心概念,即"专业"是培养专门领域人才的载体。综合以上各种表述,本文将"专业"视作高校根据社会与经济发展需要,对学科分类和职业分工进行划分后,以培养专门技术人才为目的的基本组织形式。

(二)专业建设

"专业建设"有广义和狭义之分。广义的"专业建设"主要指学校从国家或地区层面出发,根据产业发展需要,建立人才培养框架体系。这一层面的专业建设重点关注专业设置和布局以及专业结构的调整和优化等系统工程。狭义的"专业建设"则专注于具体的专业建设与实践,包括课程建设、师资队伍建设、教材内容建设、校企合作和实训基地建设等。

二、专业群与专业群建设

(一)专业群

与"专业"的概念一样,从不同的角度解析"专业群",也可以有不同的内涵与理解。

例如,有的研究认为专业群的概念源自经济学领域的产业集群理论。"产业集群"是指在特定的地理区域和时期内，相互联系的企业为实现集聚发展和提高竞争优势而形成的产业链。产业集群建立在因资源聚集而产生的集聚效应和规模效应上，且具有一定的生命周期。产业集群的建立对技术技能人才提出了新的要求，高职院校为适应产业调整和经济转型，主动调整专业结构和布局，通过合并或拆分相关专业，逐渐形成专业群的专业结构形式。

还有学者从学科群的角度理解专业群的形成。"学科群"是为了培养复合型人才，打破原有学科界限而形成的学科集合。这些学科一般共享相同或相近的专业课程，具有内在相关性。从目前各高职院校专业群建设的实践来看，专业群一般包括一个核心专业和多个相关专业。这些专业在学科属性、技术特点、职业面向或产业结构等方面，具有相同或相近的特征。

本书所指的"专业群"并不特指专业群的某个具体特性，而是指高职院校按照某种组群逻辑，对多个专业统筹管理的教学管理单元。专业群能够有效实现教学资源整合，充分发挥资源集聚效应。

（二）专业群建设

专业群建设是促进高职院校内涵式发展的重要路径，也是最终提高人才培养质量的重要抓手。同时，专业群建设又是一项复杂的系统工程，包括专业结构布局、课程体系建设、实训体系建设、培养模式改革、师资队伍组建、组织机构设计和产教融合发展等内容。

专业建设与专业群建设既相互联系，又各有侧重点。简单来说，专业群建设比专业建设更加复杂，涉及的因素更多。专业群建设有利于实现专业资源的共享。通过动态、灵活调整专业群内的各个专业，高职院校有效适应了外部产业经济结构调整带来的人才培养需求。从学生的角度来看，专业群建设通过优化课程体系，能够满足不同学生的个性化学习需求，也有利于实现学生的全面发展。

第三节 高职院校专业群建设的意义

专业群建设是体现高职院校内涵式发展的重要指标与特色项目，也是建设高水平高职院校的重要支撑。在"双高计划"背景下，开展专业群建设对培养复合型技术技能人才、构建现代经济体系和促进高质量就业，具有重要意义。

一、在宏观上，专业群建设是适应区域产业布局、引领产业发展的新形式

高职教育的职业性决定了其与经济、科技的联系最为紧密，高职教育的发展能有效推动科技进步、促进经济发展，特别是在产业集群和产业创新中发挥了基础性的作用。同时，飞速发展的经济和日新月异的信息技术也要求高职院校改革自身的专业设置，加强与专业岗位群对应的专业群建设，主动适应产业转型升级。

一方面，无论是基于专业间的产业链依托、共通的学科基础，还是基于专业间对教学资源的共享，组建专业群的最终目的都是为区域产业转型升级提供充足的人力资源支持，成为区域经济转型升级发展的智力来源。从这个角度来看，专业群建设依托区域经济发展所处的新阶段以及发展过程中出现的新问题，这既是专业群建设的出发点，又是实现专业群适应性发展的重要抓手。

另一方面，从主动对接产业发展到引领产业经济转型升级，这一转变体现了更高水平的专业群建设。要想实现这一转变，需要在专业群建设过程中对本地区或区域外的产业发展，进行广泛调研和充分分析，研判产业发展的新模式和未来走向以及可能出现的新工种、新职业和新岗位，从而确定专业群建设可持续发展的方向。

二、在中观上，专业群建设是适应产业技术变革、对接多维岗位链的新载体

以大数据、云计算、人工智能和新一代信息技术等为代表的技术变革正不断打破企业的生产边界，使其从独立的生产主体转变为主动利用信息化技术的、与其他相关企业共同形成的"利益共同体"。

技术变革带来了各种产业新形式、新业态和服务新模式。传统的专业建设模式是一个专业对接某个产业，这种模式无法匹配技术变革背景下岗位群的核心技能要求和岗位职业标准。岗位在多重变革下出现跨行业、跨企业和跨生产环节的特性，如"一岗多职""一职多岗"的复合型岗位，因此对高职院校人才培养目标范畴、课程体系深度及教学主体多维性的要求显著提高。

专业群建设可以有效弥补传统专业建设模式的不足，因为专业群立足于所服务的区域产业集群，对接的一般是与产业横向发展相关的各个岗位群，专业群建设能够培养适应产业发展的复合型人才。因此，能否满足多维度、多层次的岗位链要求也是专业群建设水平高低的重要评价指标。

三、在微观上，专业群建设是实现教学资源共享、提高整体办学实力的新途径

从高职院校专业群建设的具体实践来看，专业群往往按照行业基础、技术基础、学科基础相同或相近的原则组建，这就在组群逻辑上允许在专业群内的各个专业间共享基础课程、师资队伍、实训设施等教学资源。

从经济的角度看，共享教学资源可以避免相关专业的重复投入，节约办学成本，提高办学效益。通过专业群建设，高职院校根据产业经济发展，不断优化专业结构，增强专业设置的灵活性，更好地适应外部环境的动态发展。

从集群的角度看，在专业群建设过程中，在核心专业的带动下，各个专业之间形成发展合力，从而发挥专业集群优势，这对提升相关专业的建设水平、促进相关专业共同发展，具有巨大的推动作用。

从高校自身的角度看，针对重点服务的行业领域，高职院校通过深化专业改革，可以实现专业错位发展，增强办学特色，最终提高整体办学实力。

第四节 高职院校专业群建设的任务

高职院校专业群顺应产业经济发展需求而生，专业群建设理应对接地区产业发展和岗位需求，把服务地方经济作为专业群建设的出发点和落脚点，而高素质复合型技术技能人才的培养是实现这一目标的核心。

"双高计划"明确指出，高水平专业群建设的总体任务是：面向区域或行业重点产业，依托优势特色专业，健全对接产业、动态调整、自我完善的专业群建设发展机制，促进专业资源整合和结构优化，发挥专业群的集聚效应和服务功能，实现人才培养供给侧和产业需求侧结构要素全方位融合；校企共同研制科学规范、国际可借鉴的人才培养方案和课程标准，将新技术、新工艺、新规范等产业先进元素纳入教学标准和教学内容，建设开放共享的专业群课程教学资源和实践教学基地；组建高水平、结构化教师教学创新团队，探索教师分工协作的模块化教学模式，深化教材与教法改革。

高职院校专业群的建设任务还包括健全专业群管理机制、编制人才培养方案、构建专业群课程体系、落实"三教"改革、建设专业群实训基地，以及深化产教融合等。

一、建立健全专业群管理机制，提高管理水平

高职院校专业群建设是一个复杂的系统工程，涉及跨专业甚至跨院系的专业资源共享。如何打破专业边界和院系边界，是摆在高职院校专业群建设者面前亟待解决的现实问题，这也是制约专业群建设和发展的关键因素。科学、合理的专业群建设必须先在制度层面建章立制，在管理层面进行规范化，即建立专门的专业群管理机构，健全专业群管理机制，提高管理水平。

高职院校专业群管理机构要突破传统的专业主管或院系主管模式，在不同的专业和院系间建立顺畅的沟通渠道。在人员组成上，专业群管理机构应包括学校负责人、院系负责人、专业负责人、专业教师，以及行业专家、企业专家等。对从事专业建设的相关人员，应从制度上明确各自的职责、权利和任务，以及必要的工作汇报流程。只有建立健全高职院校专业群管理机制，提高专业群管理水平，才能在不断变化的外部环境中提高专业群的适应力，保证专业群的发展不偏离预期目标和路线。

二、编制专业群人才培养方案，确立人才培养目标

人才培养方案是高职院校为落实党和国家对于技术技能人才培养的总体要求，为组织开展教学活动、安排教学任务而制定的规范性文件，是高职院校实施专业人才培养和开展质量评价的基本依据。人才培养方案的规范性，一方面，体现在其制定过程应依据国家教学标准；另一方面，体现在其内容与格式都有详细、明确的规定。

人才培养方案的制定，是落实高职院校专业群人才培养目标的首要任务，是高职院校专业群建设的顶层任务，科学、合理的人才培养方案对高职院校专业群人才培养，具有把舵领航的作用。从内容上来看，人才培养方案应当体现专业教学标准规定的各要素和人才培养的主要环节要求，包括专业名称及代

码、入学要求、修业年限、职业面向、培养目标与培养规格、课程设置、学时安排、教学进程总体安排、实施保障和毕业要求等。高职院校可根据区域经济和社会发展需求、办学特色和专业实际情况，制定专业人才培养方案，具体应满足以下基本要求：

（一）明确专业培养目标

高职院校应根据专业群建设目标，科学、合理地确定各专业的人才培养目标，明确学生的知识、能力和素质要求，确立人才培养规格。人才培养方案要注重学用相长、知行合一，着力培养学生的创新精神和实践能力，提高学生的职业适应能力和可持续发展能力。

在确定培养目标时，高职院校应坚持把立德树人作为根本任务，持续深化"三全育人"综合改革，把立德树人融入思想道德教育、文化知识教育、技术技能培养、社会实践教育等各环节。另外，在制定人才培养方案前，高职院校还应做好行业、企业调研，毕业生跟踪调研和在校生学情调研，分析产业发展趋势和行业、企业人才需求，明确专业（群）面向的职业岗位（群）所需要的知识、能力和素质，撰写专业人才培养调研报告。

（二）规范课程设置，合理安排学时

高职院校课程分为公共基础课程和专业技能课程两类。高职院校应严格按照国家有关规定，开齐、开足公共基础课程，并科学设置专业技能课程，按照国家教学标准，执行课程学时，处理好公共基础课程与专业课程、理论教学与实践教学、学历证书与各类职业培训证书之间的关系，从而在整体上设计教学活动。

（三）强化实践环节

原则上，实践性教学学时占总学时的 50% 以上，高职院校要积极推行认知实习、跟岗实习、顶岗实习等多种实习方式，强化以育人为目标的实习实训考核评价。学生顶岗实习时间一般为 6 个月，高职院校可根据专业的实际情况，集中或分阶段安排学生顶岗实习时间，建好、用好各类实训基地，强化学生的实习实训。另外，高职院校应统筹推进文化育人、实践育人、活动育人，广泛开展各类社会实践活动。

（四）明确毕业要求

高职院校应根据国家有关规定、专业培养目标和培养规格，结合学校办学实际，进一步明确、细化学生毕业要求。在毕业季，高职院校应严把毕业出口关，确保学生在毕业时完成规定的学时、学分和教学环节，结合专业的实际情况，组织毕业考核，保证毕业要求的达成度，杜绝"清考"行为。

（五）促进书证融通

高职院校应积极参与和实施 1+X 证书制度试点工作，将职业技能等级标准有关内容及要求融入专业课程教学，优化专业人才培养方案。另外，高职院校应同步参与职业教育国家"学分银行"试点工作，探索并建立有关的工作机制，对学历证书和职业技能等级证书所体现的学习成果，进行登记和存储，计入个人学习账号，尝试学习成果的认定、积累与转换。

三、构建专业群课程体系，深化人才培养模式改革

高职院校专业群建设的核心工作之一就是重构专业群内各专业的课程体系。无论是专业建设，还是专业群建设，最终的落脚点都是课程建设。首先，通过调研分析专业群面向的行业领域及其技能需求，明确专业群人才培养目标。其次，对岗位群工作任务进行解析，确定专业群课程体系并重构课程内容。最后，在工作领域构建专业核心课程，将工作内容转化为课程内容，以工作过程为主线组织教学内容。

专业群课程体系建设要突出"共享"和"分层"两大特征。按照"专业基

础相通、技术领域相近、职业岗位相关、教学资源共享"的原则，构建"底层共享、中层融合、高层互选"的分层递进式专业群课程体系。专业群中各专业往往有部分相同的基础课程，也称为专业群平台课程。"底层共享"是指所有专业的学生必选的基础课程。"中层融合"是指各专业根据各自的职业面向和岗位技术要求，为培养学生专业技术能力和素质而开设的专业核心课程，也被称为专业群方向课程。"高层互选"是指为培养学生的适应能力和职业迁移能力而开设的课程，往往允许学生根据个人的兴趣爱好选修，也被称为专业拓展课程。

教学资源库是专业群课程建设的重要内容。"教学资源库"是指为满足教师教学和学生学习需要而建立的教学支持系统。教学资源库包含各种形式的教学素材，如教学课件、微课视频、动画等。专业群教学资源库建设的目的是整合相关专业的优秀教学资源，实现教学资源的共建共享。高职院校专业群教学资源库建设是一项长期的任务，要充分考虑学生的学习特点和规律，利用现代信息技术，为学生创建不受时间和空间限制的自助学习系统。

四、落实"三教"改革，提高人才培养质量

《国家职业教育改革实施方案》（简称"职教 20 条"）将推动实施"三教"改革，使之成为促进产教融合、校企"双元"育人的重要抓手。"三教"改革即教师、教材、教法的改革，分别对应"谁来教""教什么""如何教"三个核心问题。"三教"改革贯穿于职业教育教学的全过程，是涉及"教"与"学"各个环节的综合改革，也是教学建设的基本要素，目前已成为高职院校深化内涵式建设的切入点和推进教育高质量发展的突破口。

在"双高计划"建设背景下，"三教"改革有助于提高技术技能人才培养质量，打造高素质复合型技术技能人才队伍。同时，"三教"改革还有助于推动产教融合迈向更高水平，加快构建现代职业教育体系。

五、建设专业群实训基地，满足个性化实训需求

目前，高职院校的职业技能实训基地建设存在投入少、地区发展不均衡的问题，这在一定程度上限制了高素质技术技能人才的培养。高职院校专业群实训基地建设，应有效整合各专业已有的实训基地，既要满足不同专业的共同需求，又要满足各专业的个性化实训需求。"职教20条"的提出，推动了具有辐射引领作用的高水平专业化产教融合实训基地的建设，这对提高技术技能人才培养质量，具有十分重要的意义。高职院校专业群实训基地建设应特别重视吸引企业和社会力量的参与，这样既能减轻高职院校的资金压力，又有助于提高实训基地规划和管理的水平。

六、深化产教融合，提高校企合作水平

产教融合是现代职业教育的基本特征，也是我国职业教育现代化建设的重要方向。深化产教融合、校企合作是保障职业教育高质量发展的关键举措。在新时期，职业教育改革的重心已由"教育"转向"产教"，更加注重服务经济与社会的发展。

随着职业教育发展的不断深入，产教融合的广度与深度也随之不断拓展，产教融合、校企合作效应已初步显现。然而，推动职业教育产教融合尚有诸多难点，产教"融而不合""合而不深"，校企合作"一头热一头冷""两张皮"等现象仍然存在，这与高质量发展需求还存在一定的差距。

在"双高计划"背景下，高职院校和企业应借专业群建设的机会，共同探索产教融合、校企合作的新路径。高职院校专业群建设应将产教融合作为重点建设内容，将专业发展与行业进步、产业转型、区域发展捆绑在一起，充分发挥各自的优势，制定良性互动机制，破解人才培养供给侧与产业需求侧匹配度不高等难题。

第五节 高职院校专业群建设相关研究

当前，专业群建设已成为高职院校提高技术技能人才培养质量、促进内涵式发展的重要抓手。一些学者围绕专业群建设的方方面面展开了诸多研究，有的从理论层面探讨专业群建设的内涵和价值取向，有的从实践层面探索专业群建设的路径和方法，有的从宏观上研究专业群的专业结构与产业布局的关系，有的从微观上探索专业群课程体系和人才培养模式改革。下面，将从不同角度梳理高职院校专业群建设的相关研究成果，以从中窥探高职院校专业群建设的具体内容和遇到的现实问题：

一、高职院校专业群建设的内涵意蕴和内在逻辑

（一）高职院校专业群建设的高等性和职业性

高职院校本身兼具高等性和职业性，高职院校在进行专业群建设时，也要从这两个属性出发，坚持专业群在高等性与职业性上的统一。

首先，高职教育作为一种高等教育类型，育人是其首要目标。在高职院校高质量发展的大背景下，育人目标更应关注人的全面发展和持续发展。

其次，高职院校专业群建设从地区产业布局出发，根据经济与社会发展需要设置专业，为经济与社会发展培养复合型技术型人才，这体现了高职院校专业群建设的职业性。

（二）高职院校专业群建设的内涵意蕴

建设高水平的专业群是"双高计划"的重要内容。专业群因产业技术变革而产生，明确高水平专业群的内涵意蕴，有助于确定专业群的建设方向和实施路径。

相较于传统专业建设模式，专业群建设强调以质量和效率为目标，以体制改革和制度创新来激发其内在活力和发展动能。因此，专业群适应性发展的内涵意蕴至少包含四个方面，即适应区域产业局面、适应产业技术变革、适应岗位链的多维性，以及适应外部环境的动态发展。

高职院校专业群建设既是产业转型升级的外部需求，又是高职教育自身发展的内在要求。一方面，产业转型升级催生复合型人才需求，驱动专业群建设，高职院校应当结合区域产业结构，对自身的专业结构进行调整；另一方面，高职教育的双重属性要求其重视受教育者的全面发展和可持续发展，与经济、社会发展建立有机联系，更加关注长远教育目标。

专业群是高职院校建立的一种新型的专业建设模式和集约化的专业管理模式。高职院校通过有效整合内部资源和外部资源，根据产业结构的发展变化，动态调整自身的专业结构，从而提高教育资源的收益，提高技术技能人才的培养质量。

（三）高职院校专业群建设的内在逻辑

1. 从专业群组群逻辑、政策逻辑、类型逻辑和行动逻辑出发

研究高职院校专业群建设的内在逻辑，可以从专业群组群逻辑、政策逻辑、类型逻辑和行动逻辑四个方面出发。

第一，从组群逻辑上看，专业群的组群逻辑可分为产业链逻辑、岗位群逻辑和群内部逻辑三种。遵循产业链逻辑的专业群围绕某一产业的结构、空间及链条发展情况进行组建，并随着产业的调整与升级而持续优化。依托岗位群逻辑组建的专业群以职业岗位为依据，在充分体现职业分工关系的基础上，针对各岗位群人才的需求，将相关专业进行组合。按照群内部逻辑组建的专业群是围绕某一个或若干个相近学科领域，且具有较强学科知识支撑的一类专业集合。群内部逻辑也可理解为一种知识逻辑，即将专业作为知识传递和生产的载体。知识关系是专业关系的核心，高职院校应当依据专业知识的相关性和内在逻辑构建专业群。

第二，从政策逻辑上看，高职院校专业群建设必须贯彻落实国家有关政策要求。国家从政策层面要求高职院校高度整合产教双端的优势资源，充分发挥群内专业的集聚效应，与企业共同研制科学规范、国家可借鉴的人才培养方案和课程标准，将新技术、新工艺、新规范等产业先进元素，纳入教学标准和教学内容，建设开放、共享的专业群课程教学资源和实践教学基地。

第三，从类型逻辑上看，高职院校专业群建设既是一种教育类型价值的体现，又是彰显教育类型特色的重要举措。一方面，高职院校专业群建设应突出职业性特点，以推动区域经济发展、促进就业为导向，主动适应外部社会与经济的需求；另一方面，高职院校专业群建设应注重产业与教育的双端整合，即在人才培养的过程中，发挥群聚优势，优化、整合高职院校内部和行业、企业外部的软件硬件资源，使得专业群培养的技术技能人才在劳动力市场中比单个专业培养的技术技能人才更具有竞争力。

第四，从行动逻辑上看，高职院校专业群建设需要遵循一定的规律，这决定了专业群建设的长效发展。具体的行动逻辑包括以内外联动为纲、以集聚创新为要、以质量保障为基。

2. 从专业群建设和政策演进出发

研究高职院校专业群建设的内在逻辑，可以从专业群建设的政策演进两个方面出发，从中推导专业群建设政策的时空逻辑、行动逻辑和牵引逻辑。

首先，从时空逻辑上看，我国专业群定位经历了从传统专业发展的"适应观"到"引领观"的转变，尤其是在突出职业教育的类型教育属性和同等地位的发展阶段，高职院校高水平专业群建设需要遵循国家战略发展的变革逻辑，从组群逻辑、资源整合、管理组织等方面，把握政策变革规律。

其次，在行动逻辑上，高职院校专业群建设在数量上从递增到递减的过程，反映专业群建设从规模扩增到质量优化的行动转变，体现了高职教育从扩增到提质的行动逻辑，这也是高职院校从大众化扩张到内涵化发展的在实践路径上的转变。

最后，从牵引逻辑上看，高职院校专业群建设从早期关注就业问题到现在的更加重视培养学生的复合能力、创新能力和发展能力，从相对功利的就业导向转变为以服务学生生涯发展为导向，有其自身的内在逻辑。这是高职院校为促进学生个人生涯的终身发展、满足个体生涯发展过程中"终身学习"和"更好就业"两大目标，而对育人导向作出的相应调整。

二、高职院校专业群建设的现实问题与发展方略

现阶段，高职院校专业群的适应性发展仍然面临诸多制约因素。在宏观层面上，专业群建设较难实现区域内专业群的共建；在中观层面上，专业群建设较难实现多方跨界协同育人；在微观层面上，专业群现有管理模式相对固化。

部分学者从高职院校内部和外部两个角度，积极探索高水平专业群在适应性建设和发展中的实践模式。从内部来说，他们建议构建多方协同的高水平专业群建设框架，包括建立区域高水平专业群研究咨询机构、建设多方协同的高水平专业群生态体系。从外部来说，他们建议构建高水平专业群弹性管理机制，如确定各个主体嵌入高水平专业群建设的柔性治理模式、确定高水平专业群及群落和生态系统的灵活运作机制，逐步建立一种相对稳定、平衡发展的高水平专业群发展生态系统。

当前，高职院校专业群建设仍存在组群逻辑落地不实、资源整合广度不够、产教融合深度不足、内涵建设精度不明等问题。例如，组群逻辑在设计上向已有建设基础妥协，在落地时路径不够清晰，导致专业群可持续发展机制缺失；资源整合局限于校内，广度不够，相对松散；行业、企业无法深度参与专业群建设过程，导致人才培养与产业需求脱节、专业群建设与产业发展脱节；专业群内课程改革的协同度、教师创新团队建设的融合度、教材编写的互补度、教法改革的整体度均显不足。

高职院校高水平专业群建设应坚持以顶层设计为统领，以资源整合为保障，以模式创新为动力，以"三教"改革为核心，以科学研究为辅助，以服务社会为宗旨等实施方略。

高职院校专业群构建的发展方略可以概括为以下方面：

第一，调整专业群内部专业布局，促进专业群内、外部资源共享。

第二，立足专业群办学根本，调整专业群课程体系。

第三，协同区域产业结构转型发展，提高专业群与产业集群的适应性。

若从数字化转型背景下高水平专业群适应性发展的典型特征入手，则可从四个层面剖析高职院校专业群适应性发展的现实困境：

第一，从产业层面来看，专业群较难适应区域产业的统筹布局。

第二，从技术层面来看，专业群的人才培养目标较难匹配企业的数字化转型。

第三，从制度层面来看，现有建设模式制约专业群的适应性发展。

第四，从体系层面来看，较难形成区域职业教育多方协同体系共建的高水平专业群。

而针对以上现实困境，高职院校专业群的优化路径有以下几点：

第一，合理规划高水平专业群布局，适应区域数字产业链分布。

第二，围绕岗位技能设定人才培养目标，基于工作流程构建课程体系。

第三，树立高水平专业群与产业同频共振理念，推动专业群弹性建设模式。

第四，扩展高水平专业群建设边界，构建政、校、行、企等多方主体协同育人模式。

三、高职院校专业群的组群逻辑和动态调整

专业群的组群逻辑是专业群建设的逻辑起点，体现了专业群建设过程中各要素的相互关系。专业群有多重组群逻辑，终极目标是促进专业资源整合和结构优化，发挥专业群的集聚效应和服务功能，实现人才培养供给侧和产业需求侧等结构要素的全方位融合。

（一）高职院校专业群的组群逻辑

1. 内部逻辑：基于学科基础组建专业群

高职院校的专业群建设具有一定的学科基础。美国高等教育学者伯顿·克拉克（Burton R. Clark）指出，学科是构成知识的原理，而知识的专业化是构成其他一切知识的基石。但随着学科知识的不断细化，各学科之间存在明显的知识屏障或知识壁垒。将学科基础相同的若干专业组建为专业群，能够发挥各学科之间知识共享的功能，通过学科交叉衔接，打破专业间的知识壁垒。目前的研究普遍认为，专业群应将具有发展优势的重点专业或特色专业作为核心专业，然后围绕核心专业选择具有相同或相近学科基础、技术能力要求趋同的相关专业。这种组群方式能够有效实现教学资源、师资资源的整合和共享。

2. 外部逻辑：基于产业链和岗位群组建专业群

高职院校的职业属性决定了高职院校在组建专业群时，必须考虑专业群与产业链、岗位群的对应关系。通过前期调研明确组建专业群的可行性及必要性，这是高职院校组建专业群的首要工作，也为专业群的后续发展提供了正确的方向指引。已有研究认为，对于专业群的组建，应充分调研，分析区域经济发展规划，主动对接区域主导产业、新兴产业。专业群内部专业设置应面向新行业、新业态，以及不断延长的产业链。

岗位群是由技能需求相同或相近的岗位组合而成的岗位集合。由于高职院校专业设置依托职业与岗位，为满足产业技术变革下多维变化的岗位链要求，基于岗位群组建专业群是高职院校组建专业群的合理途径。

（二）高职院校专业群的动态调整

随着产业群的不断发展和调整，与之对应的专业群也应不断优化、调整，因此高职院校的专业群建设是一个动态调整的过程。专业群的动态调整首先涉及专业群评价。已有的研究建议，从专业群人才培养对产业的贡献度，行业、企业的参与度，专业结构与产业结构的契合度，产业导向下专业的提升度，以及毕业生就业质量等方面，对高职院校专业群建设进行评价，评价主体应由行业、企业、第三方评价机构等组成。

对于高职院校专业群调整，应建立多方协同参与的调整机制。例如，政府部门从需求侧协同各方制定人才发展规划和人才需求预测机制，教育部门协调建立人才培养质量发布制度，高职院校从供给侧进行专业结构优化调整。专业群调整和专业群建设需要各个部门联动，从而有效提高人才培养的效率。高职教育以就业为导向，有学者因此将就业质量作为评价专业群人才培养质量的关键指标，进而作为专业群动态调整的依据。

区域经济产业结构调整给高职院校的发展带来了机遇和挑战。为了把握机遇，占领未来人才培养高地，掌握人才培养的主动权，高职院校可以从四个方面进行调整：一是适时调整专业设置；二是紧贴市场，整合专业，建立优势专业群；三是加快课程改革，建设品牌特色课程体系；四是大力推进"政、产、学、研"合作，抢占人才培养先机。

四、高职院校专业群课程体系建设

"专业建设，课程为王"的观点一方面体现了课程建设在专业建设中的核心地位，另一方面反映了课程建设的复杂性和系统性。在"双高计划"背景下，专业群课程体系建设对指导教学内容和教材等教学资源建设、教学模式改革，最终实现高职院校专业群人才培养目标，具有重要的推动作用。

在专业群课程体系与专业课程体系的关系上，已有的研究认为，专业课程包含于专业群课程之中，是专业群课程体系建设的要素之一。专业群课程体系建设重在通过跨专业实现课程的共建、共享，同时保持专业课程的特色。在具体方法上，有学者建议，高职院校应根据专业群面向的工作领域和核心岗位，构建专业的核心课程，将工作内容转化为课程内容，以工作为主线，组织教学内容。

课程模块化是目前高职院校专业群课程体系建设的主要模式。课程模块化有多种表现形式，如"平台+模块+方向""基础共享、核心分立、拓展互选""横向层次、纵向链式"等。部分高职院校按照各阶段的学习重点，整合各专业资源，构建了基础平台资源共享、职业技能课程分立、综合提升课程互选的课程体系。

"岗课赛证融通"也是专业群课程体系建设的方向。部分高职院校在教学内容选取上，以国家教学标准和专业人才培养方案为基础，主动对接职业技能大赛和相关"1+X"职业技能等级证书的考核内容和评价标准。同时，高职院校教师应将岗位核心技能要求融入教学目标和教学实践，着力提高人才培养的质量。

五、高职院校专业群人才培养模式改革

高职院校专业群建设要求教师按照一定的人才培养模式，实施教育教学活动。人才培养模式指的是为实现人才培养目标而实施的关于教育教学活动的运行模式。人才培养模式以一定的教育思想和教育理念为指导，是对人才培养目标的过程性谋划和管理，具有整体性、系统性、范式性和可操作性等特点。学者普遍认为，人才培养模式包括培养目标、培养体系、培养过程和培养机制四个部分。当前的研究主要关注高职院校专业群人才培养模式的差异化培养、模式构建和"三教"改革实践。

陈本锋通过调研全国 200 所处于不同发展阶段的高职院校的办学基础、师资力量和学生状态，在对差别化人才培养模式概念进行辨析以及对差别化学校典型案例进行比较的基础上，定位分层化的培养目标，构建特性化的培养体系，实施差别化的培养过程，归纳类型化的培养机制，进而探索可操作性强、菜单式的差别化人才培养模式。其研究表明，当前高职院校的生源越来越多样化，学生之间的学习基础、学习能力和综合素质差异比较明显。对于不同高职院校的学生及同一高职院校但具有不同学情基础的学生，宜采用差别化的人才培养模式，为学生实现共同进步提供更有利的学习环境。

户文月等人从供给侧理论角度，重构协同育人大环境，构建了"三全育人"新模型。在"三全育人"新格局的内涵及维度选择上，依据利益相关者理论设定"三全育人"中的"全员"层次关系，依据生命周期理论重构"三全育人"中的"全过程"维度，根据空间理论拓展"三全育人"中的"全方位"内涵。针对现阶段全程育人的"程"链条断裂、全员育人的"员"角色缺位、全方位育人的"方位"维度缺失等问题，通过打通校内、校外育人渠道，兼顾政府、学校、学生、家庭、社会和市场六方主体需求，对资源要素维度和育人成果维度进行延展，实现人才供需平衡，增强职业教育在学校、学生、家庭、社会、市场和政府六个主体间的适应性。

曹著明等人在分析专业群课程结构体系的基础上，对专业群模式下"三教"改革的目标、策略和路径进行了思考和总结。他们认为，"三教"中的教师、教材、教法是相辅相成、相互影响的；在进行"三教"改革时，应依托产、学、研工作，将三者进行统筹规划和实施；专业群建设的核心是培养复合型技术技能人才，实现产教融合，服务区域经济，同时提高人才培养质量，而这些工作的落实，需要"三教"改革来支撑。

本文从三个方面阐述实施"三教"改革对专业群建设的意义：

一是专业群培养复合型技术技能人才，需要重新构建包含教师、教材和教法的人才培养系统。

二是产教融合需要产学研一体化来支撑，而产学研的实施，需要构建"双师"团队以开展基于产学研的教育教学改革，教育教学的规范和成果需要立体化的教材来完善和巩固。

三是人才培养质量的提高，迫切需要深化"三教"改革，而职业教育"三教"改革的目标是加强校企合作，深化产教融合。

六、高职院校专业群校企合作

"双高计划"确立的基本原则之一即坚持产教融合，这是高职教育的职业属性的必然要求。高职教育的职业性要求高职院校精准对接区域人才需求，提高其产业转型升级的能力，推动高职学校和行业、企业形成命运共同体，为加快建设现代产业体系、增强产业核心竞争力提供有力支撑。

在总体方向上，童世华等人提出三条建议：

一是深入校企合作，加速产教融合。

二是发挥职教集团等的组织作用。

三是探索产教融合新方式。

以第三条建议为例，童世华认为，应推进校企双方利益融合，建立长效合作机制；推进校企制度融合，为学生职业发展做准备；推进校企文化融合，为培养高素质人才奠定基础；推进校企技术融合，实现教育价值和经济、社会价值；推进校企资源融合，夯实校企合作物质基础；推进校企人员融合，提高师生和员工的职业素养。

在实现形式上，2020年7月，中华人民共和国教育部办公厅、中华人民共和国工业和信息化部办公厅印发了《现代产业学院建设指南（试行）》（教高厅函〔2020〕16号），明确了产业学院在建设过程中应坚持的原则，包括坚持育人为本、坚持产业为要、坚持产教融合、坚持创新发展等。

江洧等人探索了产业学院的构建原则、合作方遴选机制、建设规划、项目设计、项目推进和治理体系，为建设基于产业学院的专业群产教融合之路，提供了有益的参考。

童世华等人分析了当前职教集团模式的现实问题，如校企双方合作不深入、合作内容具有局限性、合作动力不可持续等。针对这些问题，童世华提出以下建议：

首先，应明确职教集团的定位和功能，为职教集团持续向好发展提供保障。

其次，要充分发挥行业协会的组织作用，借助行业协会对企业的组织能力，调动企业参与职业教育的积极性。

最后，要健全职教集团的运行机制，设置专职工作人员，并制定一套相对完善的运行机制。只有这样，才能保证职教集团事务的有效推进。

七、高职院校专业群管理机制

高职院校专业群建设的组织与实施，要求建立健全多方协同的专业群可持续发展保障机制。有学者提出，可以从五个方面着手建立该机制：

第一，建立与完善组织管理机制。

第二，建立与完善评价机制。

第三，建立与完善资源保障机制。

第四，建立与完善信息反馈机制。

第五，建立与完善保障运行机制。

杨善江从宏观、中观和微观三个层面，阐述了高职院校专业群的组织管理形式：

在宏观层面，通过建立公共信息平台，引导政府、高职院校与行业、企业发布人才供需相关信息，构建政府、学校、行业、企业多方主体协同参与的专业群建设模式。

在中观层面，应完善和创新校企参与的专业群机制，包括以区域产业为纽带的职业教育集团、专业群建设委员会、产业学院，以及现代学徒制等人才培养机制。

在微观层面，应明确系主任、专业群负责人或专业带头人在专业建设、学院组织、学习者管理等方面的责任。随着产业发展和技术的进步，应调整专业课程内容，实施柔性化的专业管理与柔性化的课程组织。

第二章 高职院校专业群建设的问题与对策

通过对高职院校专业群建设的现状进行研究，高职院校应当从中找出存在的问题，分析问题产生的原因，并针对问题提出解决对策和利于专业群发展的建议。这既是高职院校专业建设的重要环节，又能通过这些工作提高高职院校的社会知名度和服务社会的能力，实现高职教育的目标。

第一节 高职院校专业群建设存在的问题

一、缺乏共享理念，协同创新机制不够完善

高职院校专业群通常是指由一个或若干个相近、相关的专业或其专业方向共同组成的具有科学、合理、稳定结构的专业集群，可在同一个实训体系中完成其基本的实践性教学，具有良好的共享性。专业群的核心理念是"共享"。在我国的高职院校中，专业群的内部管理受到院系设置、行政部门划分的束缚，导致其缺乏共享理念，共生发展意识不强。这主要表现在两个方面：一方面，从属于不同行政部门的专业群内的教师沟通、交流不充分，合作意识不强，影响了专业群的教育教学工作，阻碍了专业群内教师团队力量的发挥；另一方面，专业群的优质教学资源共享度不够，实训设备、实训室、实训基地等教学资源分属于不同的专业系部，其利用率不够高，专业群内各教学单位间资源共享的

难度较大。此外，专业群内专业相似课程的合并与取舍存在矛盾，课程开设与岗位群的针对性、人才培养与产业链的适应性都是专业群共生发展必须关注的问题。

高职院校专业群建设多以高职院校下设的系或教研室为主体，倾向于沿袭院系现有的规章制度。而院系的规章制度与专业群建设发展的适配性不高，首先，束缚了专业群的协同创新，导致群内各专业间的协同创新只停留在表面；其次，在专业发展上马太效应明显，优势专业与弱势专业间不能实现优势互补，弱化了专业群的协同创新能力；最后，由于缺乏长效发展机制，专业群建设缺乏整体规划，导致专业群内各建设主体间的责任划分不清，专业群建设的工作机制不够完善。

二、人才培养目标泛化，学生就业岗位趋同

部分高职院校专业群建设未能有效对接产业群发展，专业设置与企业岗位用人需求严重脱节，有的甚至只是直接将原有专业大类分化出名义上的专门化方向，进而拼凑出一个专业群。同时，在人才培养目标、课程设置与技能实习等方面，也未进行相应的调整，导致人才培养目标因泛化而区分度较低，学生就业岗位趋向同一。人才培养目标的模糊造成了高职院校教学行为的混乱，使得本应该有序的课程体系变得比较乱，而学生所掌握的专业技能在无法进一步向专门化拓展的时候，其通用性特征又损害了专业群建设的现实意义，并损害了高职院校专业群建设的生命力与社会吸引力。换言之，许多高职院校在专业群建设的过程中，尚未真正理解专业与专业之间的关系以及作为整体的专业群存在的现实意义。

三、专业划分合理性不够，设置"雷同化"现象严重

高职院校专业群建设可以说是以专业群建设为核心的资源整合活动，有利于资源的有效利用并形成高职院校专业集群优势，所以属于同一专业群的多个专业应该具有共同的行业基础或行业背景，且有共同的资源基础和技术基础。从内部来看，这些专业由于有共同的职业基础、资源基础、技术基础和社会基础，其内部存在共同的课程基础，如存在共同的基础理论课程、技术课程，甚至存在共同的核心课程，但实际上，很多高职院校的专业划分不够科学、不够合理，把一些不相关的专业很牵强地组合到同一专业群里，使得资源不但没有得到共享，反而限制了该专业群的发展。

近年来，为了争夺生源，各高职院校纷纷根据学生的择业意向，开设热门专业门类，而这些门类大都趋同，由此造成了各高职院校开设的专业门类新而不强、多而不精的后果。专业设置的随意性和盲目性导致各高职院校专业设置的"雷同化"现象严重，这样建设起来的现代化专业群存在很大问题，不但降低了高职院校的整体办学水平，而且导致大量办学资源的浪费。

目前，已经有越来越多的高职院校意识到打造专业群的重要性，但是专业群内的专业划分盲目、片面，缺乏科学性和合理性，难以保证高职教育的特色和专业建设的针对性、特殊性和科学性，因而难以使专业群建设与经济发展、市场变化趋势相符合。

四、专业设置与产业岗位对应度较低、关联性不强

高职院校的专业群设置一般都会以示范品牌专业为核心，根据本地产业群岗位需求再聚合多个专业，形成专业方向不一、办学规模不等的专业群。但在实践中，高职院校往往轻视专业结构与产业结构的吻合度调研，而对于专业群结构与产业群结构吻合度的调研更是鲜见。在政策和利益而非自身发展需要的

驱动下，许多高职院校认为只要是在同一专业大类下，就可以形成不同专门化方向的、任意的专业组合。这种多个专业简单组合成"群"的行为，忽视了产业群对不同专业岗位人才需求的内在逻辑性，从而造成高职院校专业群内的专业设置架构松散，缺乏真正的关联度。这种不合理的结构设计严重影响了高职院校专业群建设的可持续发展，更对产业集聚发展背景下专业设置"进""退"机制的有效运作形成了阻碍。

以航空类专业群为例，其中就存在航空类专业群与航空产业链对接不够紧密的问题，航空职业教育跟不上航空产业快速发展的步伐。随着低空空域的进一步开放，临空经济快速发展，将成为民航产业发展新的经济增长点，通航产业将迎来快速发展期。而高职院校航空类专业的教育教学改革步伐明显滞后于航空产业转型升级的进程，教学链与产业链、岗位链融合的深度远远不够，相关高职院校对行业、企业的人才需求情况还不够了解，行业和企业参与办学模式、培养模式、教学模式、评价模式改革的积极性尚未调动起来，导致高职院校难以较好地满足产业对人才的需求，行业、企业缺少优质技术技能人才；加之高职院校未走出校园开放办学，与行业、企业的合作浮于表面，建设专业群的内在逻辑停留在按照学科和当下就业热门设置专业，导致高职院校专业设置趋同，人才供给过剩，学生就业难，教育资源严重浪费。

此外，高职院校专业群建设还存在偏离特色产业发展的问题。一般来说，每个城市都有自己的特色产业，需要大量与特色产业对接的高素质技能型人才，然而部分高职院校在专业建设方面，没能很好地与当地的特色产业接轨，无法满足地区产业及经济发展的需求。

五、专业群建设成效低于预期

有的高职院校在建设了专业群之后，专业群并没有发挥其辐射带动作用，没有形成自己的专业特色和品牌优势。原因是这些院校没有合理地对专业群进行管理，也没有依据经济和社会发展的需求进行调整和优化。此外，在专业群建设过程中，还存在核心专业的辐射带动作用不明显等问题。

如何使高职院校专业群具有提升各专业实力的功能，如何充分发挥高职院校专业群在人才培养工作中的作用，实现教育教学管理在人才培养过程中的实质性融合，这些都需要在实践中逐步探索。

六、专业群评价机制尚未建立

高职院校专业群建设评价指标体系是高职院校专业群建设的主要依据和参照标准，专业群建设的好坏在很大程度上取决于是否有科学、合理的专业群评价指标体系，因此现代化专业群建设的关键是完善相关的评价机制。由于各高职院校的情况不一，各高职院校需要制定一套切合自身实际的专业群建设评价体系和标准，这样不仅能够促进高职院校专业群的建设，而且能够带动整个学校教学水平的提高。

我国对高职教育领域专业群建设的研究起步较晚，如何建立一个科学合理、具有指导意义的评价指标体系，目前还没有研究成果和实践经验可以借鉴。实际上，很多高职院校虽然有"专业群"这一教学机构，但还是按专业进行设置的，专业群的评价机制还没有建立起来。高职院校应当制定一套切实可行的专业群建设评价体系和标准，按一定的周期进行考核，这样不仅能够促进专业群的建设，而且对学校整体的专业建设也有提升作用，更主要的是能够带动整个学校教学水平的提高。

例如，浙江工商职业技术学院已经连续多年组织开展专业群建设进展情况评比，评比内容涉及专业建设、课程建设、教材建设、师资队伍建设、教学改革、技能比赛、教学成果奖和教研教改论文八大项。评比取得了较好的效果，导向作用明显。其中，也存在不少问题：

第一，项目组设置的只是专业群年度建设评比计分标准，未构建专业群建设水平评价指标体系，并且部分评价指标和分值的确定都是依据经验的总结，其科学性有待检验。

第二，将评比项目按分数进行量化，如何用定性的方法设计指标的分值、权重，还需要进行探讨。

第三，专业群（专业数、教师数）规模不同，如何更合理地体现公平性，仍需要进行探讨。

七、在专业群管理与运行方面存在不足

专业群组织管理机制问题是高职院校专业群建设中重要的现实问题。专业群是专业集合而非行政序列，在组织管理上很难实现综合协调管理。专业群整体竞争优势的发挥离不开统一的协调管理，而目前，专业群管理体系上的松散性与专业群、产业群融合的一致性是相矛盾的。

虽然许多高职院校已把专业群建设纳入学校的发展规划，从机制上建立了专业群，但实际上仍然停留在传统的专业建设思路上，对专业群的组织架构、人事安排、薪酬待遇等管理与运行方面的考虑还比较欠缺，例如，未完善相关岗位职责和管理制度，专业群负责人权责不明，无法充分发挥作用。

如果突破资源共享、专业灵活调整等专业群建设的单一目的倾向，以更开放的视野来看待专业群建设，则可能会出现跨学院、跨学科组群，甚至同一个专业同时属于不同专业群等情况。在这样的情况下，专业群内各专业之间的关系应如何处理，专业群应以什么样的组织形式进行管理，则成为高职院校专业群建设实践中必然面对的问题。例如，湖南商务职业技术学院商贸类专业群建设以市场营销专业为核心专业，以电子商务专业、连锁经营与管理专业、物流管理专业、国际贸易专业为相关专业。

从专业群发展的角度来看，群内各专业需要组成一个整体，做到与产业对接，群内各专业资源要尽可能地做到共享。但在现实中，专业群内各专业分属于不同的教研室，各教研室由于行政约束以及绩效考核的需要，往往以争取本部门的利益为出发点，因此在专业群建设的过程中受到组织管理机制的影响，

专业群仅是教研室的组合，出现了"各自为政"的小团体现象，在一定程度上阻碍了专业群共享优势的发挥。

第二节 高职院校专业群建设问题原因分析

导致高职院校专业群建设观念不强的主要原因是，高职院校专业群的组织形式和行政管理模式束缚了其自身的发展。

一、高职院校专业群建设思路停留在传统模式上

许多高职院校都将专业群建设纳入了发展规划，虽然从机制上建立了完整的专业群，但是其建设思路实际上还停留在传统模式上。因此，许多高职院校在专业群的组织架构、课程安排等管理与运行方面，尚存在很大的不足。

传统的教育教学思维模式束缚了专业群的建设发展。在教学中，一些高职院校还在沿用以"教师、教材、课堂"为中心的传统教学模式，仍然采用学科体系的三段式结构，强调教材和理论知识，并且存在着"教材知识观"，认为教材就是知识的源泉；其专业课程的授课方式还是讲授式，强调理论基础知识的积累，强调知识的完整性与系统性，而不是在实践中学习理论基础知识。

传统的教育教学模式在一定程度上阻碍了现代教育技术的应用，降低了学生的学习质量，妨碍了对学生学习兴趣的培养。传统的教育教学模式对专业群建设造成了一定的制约与阻碍，难以满足岗位发展对复合型人才的需求，降低了教学质量，阻碍了专业群的发展。高职院校在专业群建设过程中，应摒弃这种教育教学思维，教学方式要适应岗位对人才提出的新要求。

二、校企合作和产学研合作机制不健全

狭义上的群共享，通常是指校内专业群之间的共享；广义的群共享，应是校企共享、校际共享，是打破校企或校际界限的共享。就目前情况来看，校企或校际的群共享合作程度不够，并且合作机制不健全、深度合作困难重重。

校企深度合作主要包括企业参与专业课程建设，提供兼职教师作为实习指导教师，提供顶岗实习基地和教师培训基地等。目前，高职院校的校企合作主要存在浅层合作和形式化合作问题，这种合作没有形成制度，没有一定的约束力和保障措施，导致现有的合作不能顺利进行、深度合作受阻。在现有的合作中，还存在学校单向热情、企业不够重视的问题，企业在合作过程中没有获得足够的经济效益和智力支持。总之，长效、稳定、紧密的校企合作机制还没有真正形成。

为了深化校企合作和产学研合作，实现校企合作和产学研合作稳定、持续、深入开展，高职院校和企业共同推行互利共赢的制度化合作机制尤为重要。通过稳定的校企合作机制，一方面，学校直接为企业培养和输送优秀人才；另一方面，企业为专业群建设提供各种行业资源和学生实习实训机会，实现校企双赢，也可以为建立长期、稳定的合作关系提供保障。

在专业群建设过程中，我们应该鼓励企业深度融入专业群建设，如提供兼职教师参与专业群教学、为学生提供顶岗实习的机会、为教师提供下厂锻炼的机会等，也可将员工培训与专业群建设相结合，让学校承担企业员工培训任务，实现校企双赢。

三、高职院校专业群内资源短缺问题比较突出

加强专业群建设，需要进行有效的资源整合，以形成高职院校的核心发展力，而专业群建设中的资源主要包括实习、实训资源和师资等，资源限制导致

了专业群优势受限。

（一）实习、实训教学资源不足

实习、实训是高职教育的特色之一，是高职院校教学活动的关键环节；实习、实训基地是专业群建设的重要一环，也是专业群建设与发展的保障。在专业群建设中，必须对实习、实训资源予以充分考虑，没有实习、实训基地的现代化，就不会有专业群的现代化。

实训基地在人力、财力和物力上的投入在专业群建设中的占比最大，也是最难以保证的，因为在技术进步和产业发展不断加快的背景下，专业岗位技能持续变革，专业群的专业化方向也随之不断变化。专业设置"进""退"频率的加快以及技术革新对教育创新的促进等，都给实训基地建设带来诸多的不确定性。

近年来，职业教育越来越受到重视，国家陆续投入大量专项资金，购置一些实习、实训设备和其他教学资源，但实习、实训设备更新较快，需求量较大，即使加大了资金投入，还是不能完全满足专业群内学生实习、实训的需要。这种情况产生的原因主要有三个：

一是资金问题。职业教育不同于普通教育，普通教育只要有教室和教师就能完成授课，学生就能学到将来从事某一岗位或岗位群所需的能力；职业教育需要通过实际的操作训练，学生才能把一些理论知识转变成自身的技能，这就需要为学生提供更多的实习、实训设备。由于大多数实训设备的价格较高，很多职业院校没有经费购买足够的设备。

二是没有有效整合实习、实训设备，导致有些院校存在设备不足，而有些院校出现设备闲置、利用率低下等现象。

三是专业群实训基地往往是原有专业实训基地的简单组合，无法实现高水平运作。

此外，在校外顶岗实习方面也存在资源不足问题。顶岗实习是高职院校教学活动的特殊环节，存在一定的学生受到劳动伤害的可能，而顶岗实习的管理主体存在多元性，学校和实习单位为了规避劳动伤害风险，在一定程度上限制了实习的内容和规模，从而使得本来就有限的实习资源更加受限。

（二）"双师型"教师队伍数量不足，结构有待进一步优化

师资是专业群建设中最为基础的资源，而"双师型"教师是专业群建设的核心资源。很多高职院校虽然注重专业群师资队伍建设，但"双师"比例还没有达到优秀水平，即教育部规定的优秀院校专业基础课和专业课中"双师"素质教师比例达70%以上。

就"双师"类型而言，高职院校专业群内的教师大部分为"双职称"教师，而"双素质"教师（双证书+双能力+双融合）较少；就教师能力而言，专业群内的年轻教师较多，而专业带头人、专家、教授等教师数量严重不足，并且这些年轻教师在本行业中的影响力较低；就师资培养而言，"双素质"教师的培养渠道比较单一，主要是通过获得中级技术职称及有关专业资格的"双证"形式来培养教师的素质，另有一部分教师是到企业挂职锻炼，但这种锻炼还停留在"挂"的层面上，没有融入岗位中、做到顶岗实践。

专业群内的年轻教师有强烈的进修培训期望，对自己能力、素质的提高也有较高的要求，但受限于各种资源与现实情况，难以真正做到深入一流院校或行业标杆企业进行深造或挂职锻炼，这对提高教师素质和能力是不利的，也影响了专业群的建设效果。在职称结构上，高职院校年轻教师较多、职称较低，而副高级及以上职称的教师较少，导致教师团队职称结构不合理。

四、高职院校专业群内教师考核与激励存在的问题

在高职院校专业群建设中，教师队伍建设是根本，教师团队工作的积极性、主动性直接影响着专业群建设的效果，因此对专业群内教师的考核与激励非常重要。

从体制上来说，高职院校专业群建设受行政管理体制的影响，对专业群内

教师的考核与激励工作主要由教研室和院系负责，并无专业管理机构对各专业群进行统筹管理，也无法从整体上实现对专业群内教师的考核与激励。

就考核与激励本身而言，学校对专业群内教师的负向考核较多、正向激励较少，难以调动专业群内教师的积极性和创造性。

五、高职院校专业群的教学与管理信息化程度较低

"信息化"是"现代化"高职院校专业群建设的题中应有之义，专业群的"现代化"，前提就是"信息化"。"信息化"从根本上来说，就是一个基于信息技术的"作用力"，作用于一定范畴内的各个要素，并使之紧密结合成为有机体系或系统。但在现代化专业群建设中，还存在着对"信息化"的片面认识，有些人认为专业群的"信息化"就是"信息化教学"，由此产生了实践偏差，将很大一部分精力用在了教学的"信息化"上，有的甚至局限在了课堂教学的"信息化"上。还有部分高职院校的开放共享意识薄弱，专业群在"理实一体化"教学设施设备上的投入和数字化教学资源建设上，立足于"一地一校一专业"，没有形成事实上的课内与课外、校内与校外，以及专业群内各专业之间的有效衔接，不自觉地形成了专业群的"信息孤岛"，根本不能与产业发展构成必要关联，更不要说与相关企业的生产形成实际联系了。

第三节 高职院校专业群建设的总体策略

加强专业群建设，既是高职院校内涵式建设的要求，又是其提高办学水平和人才培养质量的有效抓手。高职院校建设专业群不是在原有专业的基础上进行简单拼盘，而是要通过专业群建设优化学校的专业结构，打造专业品牌，凝

练专业特色，进而通过建设一流专业群，形成学校的办学优势和特色。为此，要采取以下总体策略：

一、理念先导，合理构建

高职院校专业群建设为了实现合理构建，需要从以下基本理念出发：

一是以问题为切入点。我国高职教育起步于市场经济，其发展理念主要是以市场为导向。这种指导思想在当时高职教育起步阶段，对扩大职业教育办学规模、促进高职教育发展，起到了很好的指导作用，但随着我国经济结构的调整和产业的转型升级，这种以市场为导向的指导思想已经不能适应高职教育从规模扩张向内涵式发展转变的需要，从而导致高职教育在专业设置上存在许多问题。例如，高职院校片面追求效益，专业设置存在低水平重复现象；专业定位不明确，办学同质化现象严重；专业资源配置效率低，服务产业的能力有待提升。因此，专业群的构建应以问题为导向，着手解决高职院校专业设置中存在的现实问题。

二是以"职业联系"为依据。高职院校专业群的建设势必引起专业结构的解构与重构，以什么为依据动态调整专业结构、组织教学、整合资源，是专业群建设的根本问题。目前，存在着"学科联系"和"职业联系"两种主导的高职院校专业群建设理念。"学科联系"是指在学科基础上设置专业，"职业联系"是指在对接产业、职业岗位的基础上设置专业。高职教育是一种跨界教育，兼具职业性和教育性，培养面向一线的高技术技能人才是其基本定位，一线的岗位知识和技术应是高职教育的主体内容。"学科联系"更适合培养研究型人才，学科内在逻辑易限制产业的现实要求和对专业培养方向的实际需求。"职业联系"的本质是工作要素的关联，任何职业能力都是知识与具体工作要素间形成的联系。因此，"职业联系"应是高职院校专业群构建的依据。

三是以引领产业为目标。现代职业教育理念要求职业教育服务需求、经济、社会和人的全面发展，与技术进步、生产方式变革，以及社会公共服务相适应。

我国的高职教育已经从紧跟产业发展阶段进入目前的对接、服务产业发展阶段，为经济、社会的发展提供了人才和智力支撑。但是，高职教育的发展不能止于此，既要创新高职教育发展观，又要引导高职教育由对接、服务产业向引领、提升产业发展转变。专业群的构建，重塑了教育价值链，培养了职业精神与职业技能高度融合、具有人文情怀、精益求精、追求卓越的大国"工匠"，将高职院校建设成技术技能积累、创新的聚集地。

二、动态调整，有序发展

为保持专业结构及专业群的活力，高职院校要紧跟产业发展趋势，根据产业发展要求建立专业动态调整机制，使专业始终紧密对接产业。

首先，高职院校应基于区域经济发展，动态调整专业群结构，构建适配的专业技术群。职业教育要紧密围绕当地主导产业与实体经济科学设置专业，加大技术技能人才的培养力度，提高其服务地方经济和社会发展的能力。专业群建设要立足当地经济发展，与当地主导产业适配，在建设之初就要做好市场调研，并建立动态调整机制，构建适配的专业技术群。

其次，高职院校要合理确定专业群内各专业的招生人数。一般来讲，在专业群内常有两个或两个以上的专业，群内各专业的协调发展是专业群建设的根本，如果各专业间发展失衡，那么专业群建设是失败的。各专业间发展失衡不利于专业群的健康、有序发展，会严重制约专业群培养高质量的复合型人才。

最后，高职院校要基于专业大类设置群名称。我国高等学校专业目录在设置时采取了专业大类、专业类和专业名称的层级分类法，而目前，大多数高职院校在设置专业群时，是基于专业类甚至专业名称进行设置的，这不利于专业群结构的动态调整。若在构建专业群之初，就从专业大类的角度出发，则有利于专业群在发展过程中动态调整专业，顺应行业发展需求，也有利于进行群公共基础课程、群专业基础课程及群公共实践课程的配套改革；既利于学生专业综合技能的培养，又利于学生职业能力的迁移；还可以基于行业对复合型人才培养的具体要求，及时调整群内各专业人才培养计划，或设置符合新要求的专业方向，使专业群的发展与经济发展同步。

三、调整布局，优化结构

第一，开展专业群与产业群的结构吻合度调研，这是高职院校合理设计专业群架构的前提。为产业群提供人才支撑是专业群建设的根本方向，决定着现代化专业群在未来的发展。专业群与产业群的结构吻合度主要体现在供需均衡上，表现为专业群专门化方向结构、各专业人才培养规模与产业群岗位需求结构，人才需求数量、层次保持协调。这需要高职院校主动联合行业组织与区域内的骨干企业，经过严格的工作程序，开展专业与产业的吻合度调研，以获得与产业群对应的专业结构。在形成人才需求报告的基础上，专业建设指导委员会对专业群内各个专业的设置需求进行充分论证，确定专业设置的可行性，并规划好各专业的相对规模和人才层次，即中专、高职甚至本科阶段多个层次的教育，以保证专业群毕业生的专业所学与本地就业岗位高度吻合。

第二，进行区域内的教育布局规划，这是高职院校促进专业群优化发展的关键。为保证专业群与产业群结构有较高的吻合度，应在区域内各职业院校在主管部门的统筹规划下，进一步明确自己的功能定位与专业服务领域，避免因同一专业群的重复建设导致专业群与产业群的结构失衡以及人才供需矛盾。实际上，这就出现了一个有关专业集聚发展的问题：一方面，专业群建设是产业在某一区域集聚成群发展的客观要求，可以提高人才培养的针对性，解决结构性就业矛盾，更好地服务产业群发展；另一方面，专业集聚发展背景下的人才培养可以最大限度地对接产业群发展，统筹教育教学资源，提高人才培养效率。

第三，拥有国际化的办学思路，这是高职院校专业群获得更大发展空间的保障。我国在国际分工中扮演越来越重要的角色，众多领域所取得的成功经验已经成为世界范围内的中国方案、中国智慧，中国社会主义特色职业教育也必将为世界发展作出更大贡献。我国职业教育在学习、借鉴先进职业教育理论与实践的基础上，完全可以依托"一带一路"倡议等深度参与国际分工与合作，面向世界培养技能人才。这需要我国的职业教育人员深入研究国际分工与产业布局，细化专业门类，提高我国职业教育培养国际化人才的能力。

第四，高职院校要聚焦专业方向，优化专业结构。高职院校专业结构是专业群建设的核心要素，而紧密对接行业的专业结构是形成特色专业群的基础。高职院校应根据自身特色及优势，在充分进行行业、企业调研的基础上，明确办学定位与服务领域，并根据服务产业的需求，围绕对接的产业链设置专业，通过撤销、新建等手段，优化整体专业结构，促使专业向服务产业聚焦。高职院校要按照产业链，对标高层次技术技能人才需求和国家职业资格要求，将服务同一产业链的关联专业组织为专业集群。围绕对接产业链和职业岗位群，将专业基础相通、技术领域相近、职业岗位相关的专业组成专业集群，形成相互支撑、优势互补的格局，并选择特色鲜明、技术领先、基础建设条件较好、具有辐射性的重点专业、龙头专业，作为专业群的核心专业，统筹整合人才培养目标，实现核心引领、全面发展。

第五，高职院校要改变专业群组织构成，明确职责划分。专业群是专业技术和行政管理双重职能的结合点。专业群管理要建立"大教研"理念，打破原有的管理结构，改变以教研室、系部为主体的传统的行政管理组织模式。高职院校进行专业群建设，就要树立面向市场进行企业化运作的管理理念，引进经营型管理的方法，并且基于这种管理理念，实行"系主任领导下的专业群经理负责制"。之所以叫专业群经理，主要是专业群带头人要具有企业化运作的管理理念、管理才能和丰富的实践经验。"系主任领导下的专业群经理负责制"是在系主任的指导下、在专业群经理企业经营管理意识的指导下，进行专业群发展、师资团队建设、实训基地建设等规划，完善工作规则和评判制度，进行专业群教学资源和资金等人、才、物的分配，协调教学组织和运行，创新人才培养模式。

四、突出特色，发挥优势

各高职院校的专业群应各具特色。当前，专业设置的随意性和盲目性导致各高职院校专业设置"雷同化"现象严重，这样建设起来的专业群存在很大问题。因此，要进行专业布局调整，着重打造院校办学特色，这样才能有效解决院校间的专业同质化问题。

特色发展之路才是可持续发展之道，而专业群的建设正是形成高职院校办学特色的关键，优先发展和重点发展的专业应该是专业群中的核心专业、特色专业，也是专业群中师资力量强、办学基础好、社会需求大、有院校特色的优势专业。

高职院校的核心竞争力主要体现在专业和专业群的建设上，加强专业群建设，有利于在较短的时间内集聚起师资、实训、科研、教改、专业与课程建设等方面的优势，形成合力，创出特色和品牌，从而提高高职院校的核心竞争力。

五、完善机制，强化管理

（一）构建良好的制度保障体系

制度建设是一项系统性工程，也是高职院校专业群建设的重要组成部分。政府要为高等职业教育的发展提供有利条件，保障专业群建设的顺利进行。

第一，高职院校要建立有效的资金分配机制。高职院校教育质量与实验、实训设备密不可分，政府作为高职教育经费的主要提供者，要根据地区经济的发展水平与高职院校的办学规模及专业特点，探索科学的拨款机制。在经费使用方面，也要设立专项资金，专款专用，以保证优势专业、品牌专业的教学资金，加大对重点专业群、重点职业院校的投入，保障实训设施的改善，从而提高学生的实践操作技能。

第二，高职院校要落实统筹管理职能。为保证专业群建设与行业发展适配，要充分调动企业、行业与社会力量，参与专业群建设，形成政府主导，行业、企业、学校与社会合力的多元化办学格局。完善师资培训机制，增加教师编制数量，建立师资与学生规模同步协调发展的机制，形成师生比例合理的师资队伍，为专业群建设提供人力保证。

第三，高职院校要构建完备的校企合作机制，改变当前职业院校热情高涨而企业反应冷淡的局面；要建立和完善校企合作稳定机制，为学生和教师提供实践锻炼的机会，也为企业提供员工培训与继续教育的机会。政府在为企业提供了上述优质的社会服务的情况下，可适当减免其税负。只有通过多方联动和良好的机制建设，才能强化高职院校专业群服务地方经济的作用。

第四，高职院校要以多元化的专业激励、约束机制为驱动。为此，一方面，高职院校要构建新设专业质量监控机制，对新设专业从建设初期开始着手，实施专业办学基本条件合格评估，在建设周期结束后进行专业可持续发展的再评估，将其结论作为专业结构调整的参考依据，进一步决定该专业是继续招生、限制招生，还是暂停招生；另一方面，高职院校要制定激励政策，可设立专项经费，鼓励学生和教师参加国家或国际的专业认证，采取适当的置换激励政策如"撤一申一"等，实施服务产业特色专业建设计划，支持高校建设一批应用型人才培养的专业集群。同时，高职院校应该建立调控机制。政府教育主管部门要把招生计划、就业情况与专业发展有机结合起来，适当控制连续多年毕业生就业率低于整体平均水平的专业发展规模，控制其招生计划，限期整改，甚至取消该专业的招生计划。

（二）完善高职院校专业群的评价机制

首先，高职院校应建立统一的专业群建设评价体系和标准，并量化成分数。其次，高职院校要进行绩效评价，评价标准要切合院校实际，满足专业群可持续发展的要求，具有阶段性、具体性和全面性等特点。

专业群建设是一种系统化、体系化的专业设置模式，要协同制定相应的人才培养目标，以此为契机，推动现代化专业群建设的内涵式发展，建立更加高效、更具弹性的专业结构更新机制，以适应产业结构变革的要求。

（三）校企共谋专业群制度建设，促进其有序发展

为了更好地促进高职院校专业群的发展，不仅应该强化对专业群的组织管理，而且应该努力建立专业群的运行机制。一般来讲，专业群组织管理采用教研室的管理模式，由院系领导担任管理者，可以变革原有的管理模式。高职院校应引入企业人员参与专业群的组织管理工作，将企业管理与学院治理相结合，即选聘企业的能工巧匠担任专业群带头人，负责专业群的管理工作，明确赋予其指导专业群的课程开发与教学、师资团队建设、统筹配置专业群的教学资源等管理职责。

专业群的有序发展和持续运转不仅需要优秀的专业群带头人，而且需要完善的运行机制。例如，长沙航空职业技术学院为了维持航空机电设备维修专业群的有序运转，不仅设置了专业群建设指导委员会来科学规划、指导专业群的发展，而且建立了专业群统筹发展机制，实现专业群与产业链的协同发展，确保人才培养能够适应航空机电设备维修产业迅猛发展的要求，带动并提高专业群的整体水平。

因此，为了促进企业参与专业群建设的常态化、规范化开展，高职院校有必要加快制定校企合作管理办法，区域政府有必要尽快制定和出台与校企合作管理办法相配套的政策，推动高职院校与企业在人才培养、课程建设、教学资源建设等方面开展深度合作。

六、信息化建设，提升水平

高职院校的专业群建设要注重以信息技术为手段，提升专业群的建设水平。现代化专业群建设一定是以信息化建设为基础和前提的，只有信息化程度较高的专业群，才可能被理解为现代化专业群。专业群的信息化建设，主要应在设施设备配套建设、教师信息技术培训和群资源共建共享等方面谋求突破。

（一）设施设备配套建设

现代化专业群设施设备的功能集成度要高，从而使各场所均能通过互联网联结在一起，并通过统一接口进行数据采集、分析、处理，及时获得反馈。

（二）教师信息技术培训

高职院校专业群专任教师需要掌握一定的信息技术，能够熟练操作各类信息化设施设备开展教育教学活动。一方面，教师要有信息化教学意识，自觉将信息化教学作为提高教学效率的重要手段贯穿教育教学的全过程；另一方面，教师要充分认识到信息化教育教学手段的局限性，合理地将信息化与各类教育教学活动有机结合起来。

（三）群资源共建共享

高职院校专业群的各类资源尤其是教育教学资源，是以同一产业为纽带而聚集的"类资源"，形式多样，但具有同一指向。专业群资源应该是校企深度合作下产教融合的产物，院校与企业为共同提高人才培养质量而彼此配合、共同建设。在共建共享的过程中，要保证高职院校的实验室、生产性实训室、产品研发中心等设施齐全，其设备型号、功能及训练流程与企业实际生产工艺或服务流程类似，满足广泛开展综合性技能训练的要求。院校与企业有平等的资源使用权，院校培养学生以及企业培养员工都可以使用专业群共建资源。

总之，为满足《中国制造2025》等一系列国家战略任务的要求，我国职业教育必须积极应对、适应需要、顺势发展。在新一轮的改革发展中，专业群建设将替代专业建设成为最为关键的改革抓手之一。只有建立更加高效、更加具有弹性的专业结构更新机制，并以此为契机，才能更好地推动职业教育内涵式发展，促进职业教育真正走上良性循环、持续推进的健康发展道路。

第三章 高职院校专业群建设的价值取向与实践路径

第一节 高职院校专业群建设的价值取向

所谓价值取向，是指对事物价值问题的倾向性认识。高职院校专业群建设的价值取向即高职院校专业群建设的价值理念，既是高职院校专业群建设的起点，又是高职教育价值取向的具体体现。本节通过梳理职业教育价值取向的历史演变，对当前就业导向的认识误区及其根源进行解读。

由此，通过分析社会学、教育学视角下职业教育本质属性的现实之争，进而对知识社会下职业教育的本质属性进行探讨。同时，借鉴知识社会学理论，分析知识社会背景下高等职业教育的角色和定位。高职院校作为"知识应用者"，其宗旨是促进高职院校学习者职业生涯的发展。因此，职业生涯导向性应是高职教育的本质属性，也是高职院校专业群建设的价值取向。职业生涯导向下的高职院校专业群建设，秉持以人为本的培养理念，以培养学生规划职业生涯的能力为目标，通过专业群的动态建设，为高职院校学生的职业生涯发展服务。

一、职业教育价值取向的历史演变

在教育发展历史上存在个人本位论和社会本位论两种不同的教育价值观，前者强调从个人发展出发，基于个体的内在需要，确定教育目的、开展教育活动；后者则从社会发展出发，基于社会的外在需要，确定教育目的、开展教育活动。而职业教育作为教育的一种类型，同样存在个人本位论与社会本位论两种价值取向。个人本位论主张职业教育人才培养的目标以个人价值为中心，主张教育者根据个性化发展和完善自身的需要来设计培养活动；社会本位论则强调职业教育人才培养目标以社会价值为中心，主张教育者根据技术升级、产业发展和社会职业岗位动态发展的需要来设计培养活动。本节首先对农业社会、工业社会和知识社会职业教育价值取向的历史演变进行梳理，进而对我国职业教育就业导向理念的认识误区进行具体解读。

职业教育的历史即人类努力学习如何劳动的历史，因此职业教育的历史可以看作人类生产劳动的发展史，职业教育的价值取向伴随着人类生产劳动历史的发展而不断演进。依据当前较为公认的社会变迁理论，人类社会可以被划分为三大阶段，即农业社会、工业社会和知识社会。由此，通过分析梳理其历史演变可以看出，职业教育的价值取向经历了从促进个人生存与阶层流动，到满足国家产业发展需求，最后回归到服务个体职业生涯发展的演变。

（一）农业社会——促进个人生存与阶层流动

伴随农业社会生产力水平的日益提高以及社会分工水平的专业化发展，职业教育的形式经历了从技艺传授到学徒制的演变，职业教育与普通教育的关系也经历了从融合到分开的阶段。

在农业社会早期，职业教育的形式主要是由年长者向年轻人传授各种生存知识和技能，此时职业教育与普通教育是融合在一起的，既包括技能学习，又包括人格的培养。在这个阶段，职业教育的教育性和目的性逐渐增强，主要通过共同参与劳动来实现知识和技能的传授，进而促进个人更好地生存和生活。

例如，在我国古代，社会上层主要通过"劝课农桑"的教育活动来推动农业技术的发展，并使之成为历代社会教化的重要内容。随着社会经济的发展，在农业继续发展的同时，手工作坊开始出现，并且规模逐步扩大，单纯依靠子承父业的形式已经难以满足生产的需求，由此产生了西方的学徒制和我国的艺徒制。此时，职业教育与普通教育逐渐分开。在西方，加强技术传播的非正规教育主要依靠学徒制来完成，先出现的是招收养子的私人化契约式学徒制，随着商会和手工业协会的创建，行业学徒制开始形成，这是根据一种规定学徒关系、训练年限和条件的合法契约所进行的技艺、职业或手艺训练。而在我国历史上，主要通过形成于唐朝，与手工业发展相适应的艺徒制来培养手工业工人，并且这样的训练方式广泛分布于宫廷作坊和官营作坊中。

古代农业社会的职业教育有着鲜明的个人本位价值取向，即以促进个人生存与阶层流动为导向。农业社会职业教育的生计价值突出，成为个人谋生立命的手段。而到学徒制出现的时候，职业教育已然成为社会分层的一种手段。例如《管子·匡君小匡》中所叙述的"士之子常为士""农之子常为农""工之子常为工""商之子常为商"，体现出鲜明的阶级性和等级性。而随着学徒制社会地位的提高，学徒制已经成为人们改变命运、提高行业地位的重要途径，是上至商人和绅士家庭，下至农民子弟的首选。由此，职业教育在解决底层人民求生问题的同时，也成为了社会阶层流动的阶梯。

（二）工业社会——满足国家产业发展需求

伴随科技进步及工业革命的进行，一大批新兴产业出现并促使社会分工进一步发展，进而对从业人员的数量和质量提出了更高的要求。由此，世界各国政府纷纷接管了职业教育，并通过成立专门机构、颁布相关法律法规来支持职业教育的发展，正规的职业教育学校开始出现，并逐渐形成了系统的职业教育体系。

随着文艺复兴与宗教改革的进行以及商品经济的发展，手工业技术分化的加剧和手工业产品的多样化催生了资本主义性质的工厂，经济生活开始由农本经济向重商经济转变。由此，行会维持生计的原则逐渐被追逐利润的原则替代，师徒间的关系由互相尊重的独立关系逐渐变为雇佣关系，学徒制成了工厂主对大量廉价劳动力需求的一种满足手段，师徒间的矛盾加剧。此时，国家对学徒制的干预和世俗学校力量的增强，为正规职业学校的出现奠定了基础。

到了18世纪，伴随三次工业革命的进行，人类社会的生产组织方式发生了根本性的变革，进而使得职业教育在办学主体、办学内容和办学形式上发生了重大转变。在第一次工业革命中，蒸汽机的发明和应用使得传统手工业者很难适应社会发展的要求，职业教育开始培养面向纺织业、采煤业、制造业的产业工人；在第二次工业革命中，电力技术的推广和应用极大地提高了劳动生产效率，造就了一大批新兴的产业工人；第三次工业革命以信息技术和生物技术等现代技术的广泛应用为标志，促进了生物工程、电子信息产业等一大批新兴产业的发展。

工业革命的进行对于职业教育的发展产生了革命性的促进作用。

在办学主体上，由于新兴产业发展增加了对于大批量产业技术工人的需求，国家开始接管并负责职业教育，使得职业教育逐步纳入公共教育体系，成为服务国家经济与社会发展、提升工业竞争力的重要途径。例如，英国于1889年颁布了《国会技术教育法》，并成立了技术教育协会，正式将职业教育纳入学制；法国于1863年成立技术教育委员会，开始建立国立性质的徒工训练学校，并于1880年颁布《徒工手工学校法》；美国于1906年设立全国工业促进会，并由各州建立受独立职业教育管理机构监督的工业学校或职业学校。

在办学内容上，由于工业化大生产对于技术工人的数量和技术技能水平提出了新的要求，大量的技术工人不仅需要掌握机器设备的具体操作方法，而且需要掌握其背后的科学原理。与此同时，随着技术进步和科学发展，以工业生产的基本原理和操作技能为研究对象的现代工艺学开始创立，进而为职业教育进行高素质技术工人的培训奠定了基础。因此，当工业化大生产成为社会生产模式的主流之后，由政府主办的、以讲授科学原理为基础的、旨在培养满足国家产业发展需求的职业学校开始产生，职业教育被纳入国家公共教育体系。

工业社会阶段的职业教育有着鲜明的服务国家意志的特征。一方面，政府开始通过立法和拨款来支持职业教育的发展，职业教育被纳入国家的公共教育体系；另一方面，职业教育被视为促进工业社会发展的工具，紧密围绕产业发展来进行专业设置和内容调整。由于职业教育对世界经济发展和各国工业化进程的促进及推动作用十分明显，因而职业教育成了服务国家经济和社会发展以及提高工业竞争力的工具，政府开始接管职业教育并成为其办学主体，通过拨款和制定法律法规等来支持职业教育的发展，逐步建立了正规的现代职业教育制度。

（三）知识社会——服务个体职业生涯发展

进入现代社会，从职业教育的理论观点和政策制定上可以看出，职业教育的价值关注点开始从关注社会效益向关注个体发展演进。

以美国为例，在工业社会，职业教育被视为传授技能与手艺的教育，能够为国家的工业化提供大量的产业工人。由此可知，这个阶段的职业教育研究是基于社会效益的角度来审视职业教育的社会功能，其中以斯内登为代表，他认为职业教育的宗旨在于通过培养合格的产业工人来推动社会的发展。基于社会效益理念的职业教育观在很长一段时间内都是美国职业教育的指导思想。

随着科学技术的进步、生产模式的改进和职业结构的演进，对于新兴产业从业人员的数量和质量都提出了新的要求，与此同时，教育民主化和终身教育运动愈演愈烈，职业教育逐渐由优先服务于国家战略目标的实现转到了服务个人就业和继续学习目标的新方向。杜威认为"有一种危险，把职业教育在理论和实践方面解释为工艺教育，作为获得将来专门职业的技术效率的手段"。杜威认为，社会效益观下的职业教育仅仅是针对特定的工作岗位来进行的技术培训，忽略了人自身的发展，是一种反民主的教育理念。而伴随职业结构向流动化、高级化、综合化演变的趋势，知识社会中的工作岗位对于从业者的技术技能要求正在逐步减少，而对于自我学习能力、团队协作能力等提出了更高的要求。由此，"职业教育计划应该人文化和宽基础化，以提高适应性、拓宽就业机会、提高教育和职业的能动性"。

过于强调经济效益的职业教育在逐渐受到质疑后,职业教育的内在价值开始受到人们的普遍关注,并突出反映在职业教育政策的演进上。美国《1963年职业教育法》颁布,使得参与职业教育的人群进一步扩大,弱势群体的职业教育权得到了更多尊重,职业教育成为促进社会平等的工具之一。同时,为工作做准备、为维持生计并促进个体适应整个生活环境的生计教育开始实施,旨在推动普通教育与职业教育相联合,开创以职业能力发展为核心的新型教育体系。而2006年颁布的《卡尔·D·帕金斯职业与技术教育法案》更是将职业技术教育改为生涯技术教育,为个体提供连续的知识、学术和技能,明确地将职业教育中学生的学术和技能进步放在同等重要的位置。

随着人类进入知识社会,知识经济正在创造新的、以知识为本的职业和工作群,并且需要大量的知识从业者,他们工作的核心特征在于对知识的创造和控制,并非简单的物质生产或普通服务,而是运用知识去设计、创新并高效地生产和改造产品。由此,2012年,美国政府出台了《投资美国的未来——职业与技术教育转变革蓝图》,认为职业教育应在培养学生技术技能的基础上,加大学术技能和就业技能的培养力度,以促进其职业生涯的成功。

由此,"现代职业教育的价值取向是,从工作定向的单一技术培训到塑造全面发展的职业人"。职业是人的存在方式,因此人的发展与其职业生涯密切相关。在知识社会,随着技术的进步和生产方式的变革,职业组织结构开始了由扁平化到科层制的变革,进而在知识和技能操作水平的综合化和复合型方面,对从业者提出了更高的要求;职业岗位结构向流动化、高级化、综合化转变,进而对从业者的一般性知识和技能以及面向具体岗位的知识和技能都提出了更高的要求。技术的进步与全球化趋势的结合使得从业者的职业生涯出现了越来越多的不确定性,要求从业者不断地学习,以此提高自身的职业能力,职业教育开始转向为学习者的职业生涯发展服务,并被纳入终身职业教育体系。

从对职业教育价值取向的历史演变进行梳理可以看出,当前对"就业导向"产生认识误区的根源在于对"社会本位"下的职业教育观的误读,认为"职业教育"就是"就业教育",职业教育只应以劳动力的市场需求为目标,进而在专业设置、教学内容和教学评价方面都紧密围绕着"就业"来进行。其实,从就业教育与职业教育的关系来看,就业本就是职业教育的功能之一,但是就业却不是职业教育的唯一功能,因此就业教育只是职业教育的一部分,而非全部。

高职教育就业导向实质上指向高职教育的经济功能,然而现实认识将这一经济功能视为高职教育的唯一功能,并且过分夸大地认为高职教育的就业功能可以解决"结构性就业难"的问题。高等职业教育具有多方面的功能,从经济功能的角度来说,职业教育可以培养高素质的技术技能人才,来满足经济与社会发展的需求。然而,职业教育在本质上是一种培养人的活动,当前职业教育已经进入为学习者的职业生涯发展服务的阶段,因此过度关注职业教育的经济功能,把功利性的"就业"当作职业教育的核心任务,将导致忽视"育人"这一根本目的。

高职教育兼具"高等性"和"职业性",在"就业导向"下,如果"职业性"被过度强调,继而成为高职院校发展的指挥棒,并以培养"技术人"提升"就业率"作为办学的核心任务,那么"高等性"就会逐渐丧失。技术本身仅仅是一种工具,是促进人全面发展的手段,不应被演绎成高职教育的全部目标。

二、价值取向的理论溯源:职业教育本质属性探讨

高职院校专业群建设的价值取向集中体现了职业教育的人才培养理念,其理论渊源的探索在于对职业教育本质属性的理解。因此,只有深刻认识职业教育的本质属性,才能正确把握高职院校专业群建设的价值取向。职业教育属性是指职业教育的特性、特征,职业教育本质属性是指它必然具有并与其他各类教育区别开来的属性。由此,本节在梳理从社会学、教育学两个视角探讨的职业教育本质属性的基础上,通过分析职业教育从"训练性"到"教育性"的历史演变得出结论,即在知识社会中职业教育已经进入服务于学习者职业生涯的发展阶段。因此,职业教育的本质属性应是以职业生涯为导向的。职业生涯导

向下的职业教育应面向学习者的职业生涯，以获得职业生涯能力为目标来进行技术技能人才的培养活动。职业教育的职业生涯导向能够有效融合个人本位与社会本位的价值取向，进而统一服务于学生的职业生涯发展。

（一）职业教育本质属性论之争

当前，对于职业教育本质属性的认识，主要基于社会学和教育学两个视角来进行。

1. 社会学视角下职业教育本质属性论

部分学者是从社会学中的"职业"概念出发，基于社会学的功能主义理论，通过分析职业教育的社会功能来探讨职业教育的本质。功能主义理论将社会系统适应外部环境所表现的功能视为其存在的意义，而作为社会系统的子系统，职业教育在与外部社会环境进行交互的过程中，必然呈现一定的功能。"功能主义"视角下职业教育本质属性的主要观点有"老三论""新三论""初始职业化"等。

"老三论"是指职业教育的本质属性包括社会性、生产性和职业性三种认识。职业教育的社会性是指职业教育从其本质来说就是社会性，从其作用来说就是社会化，即职业教育必须按照社会需要来培养人才，其实质就是要让教育适应社会发展的需要，并促进个体的社会化。职业教育的生产性包含两个方面的含义：在办学宗旨上，职业教育可以培养社会所需要的技术技能人才；在办学模式上，职业教育利用产教融合来提高人才培养质量，提高社会服务能力。职业教育的职业性是指在人才培养目标上，职业教育是具有"职业定向性"或"职业针对性"的教育，旨在传授面向具体职业岗位所需的专门知识和技能。

"新三论"认为，"老三论"已经伴随教育内涵的扩大而成为整个教育的一般属性，并由此提出，在新的历史时期，职业教育的本质属性应为"适应性""中介性""产业性"。职业教育的适应性是指职业教育制度及其办学模式应与社会生产力水平相适应，来促进自身的发展。职业教育的中介性是指职业教育处于教育与职业之间、人与社会的发展之间的中介位置，旨在通过衔接教育与职业以促进人的个性发展和社会进步。职业教育的产业性是指职业教育旨在平衡协调产业的人才供需关系,其运行机制和管理模式要面向市场。

除了"老三论"和"新三论"以外,还有学者认为职业教育的本质是"初始职业化",即以培养基本合格的岗位人员为逻辑起点来定义职业教育。其本质属性是完成个体的初始职业化,即个体通过一系列的教育和岗位实践,把已获得的知识和技能内化为能基本胜任职业岗位工作的职业能力,并在职业生涯环境中正确进行职业社会角色定位与扮演的过程。

总体看来,社会学视角的职业教育本质论从基于社会学、面向全体的"职业"的概念出发,将职业教育视为一种社会现象,并侧重从职业教育的社会功能出发来探讨职业教育的本质。然而在职业教育的实践中,无论是"新三论",还是"老三论",都已成为普通教育和职业教育的共同性质。因此,基于社会学视角的职业教育本质论并不能成为职业教育与其他教育类型的根本区别。

2. 教育学视角下职业教育本质属性论

教育学视角下职业教育本质属性论探讨的是,在将职业教育视作一种教育类型的前提下,寻找其有别于其他教育类型的本质属性。从教育学视角出发,目前较为流行的关于职业教育本质属性的观点包括一般职业导向性、技术技能职业性、职业导向性和工作体系视野等。

一般职业导向性和技术技能职业性基于职业教育中职业类型的认识,来探讨职业教育的本质属性。

一般职业导向性是指职业教育应面向一般职业,来设定培养目标、教学内容和教学情境,进而将职业教育与其他教育类型区分开来。一般职业导向性观点认为,职业教育中的职业不是专门职业,而是一般职业,以对职业内涵的掌握和教育背景的要求为依据,将职业分为非熟练、半熟练、熟练、半专门和专门五种,将前四种称为一般职业,将第五种称为专门职业。专门职业是需要专门知识和长期、广泛的学术储备的职业,而一般职业则不需要这些知识和储备。

技术技能职业性观点认为,职业教育中的职业并非面向全部职业,仅仅面向职业结构中的技术技能型职业,因而传授技术技能是职业教育有别于其他教育类型的本质属性。

职业导向性观点认为，职业教育中的职业并不应区分为一般职业或专门职业，职业教育与其他教育类型有区别的本质属性就是职业导向性，即以职业能力养成为目标，以典型职业活动来开发课程，以工作过程中的技术知识为教学内容，强调以行动导向和真实情境的教学手段，进行职业教育的人才培养活动。

工作体系视野观点认为，职业教育的对应概念是学术教育，将职业教育依赖的工作体系与支持普通教育的学术体系进行比较，认为职业教育存在的逻辑前提是包括职业、工作与技术三个基本要素的工作体系，其中，职业是载体，工作是过程，技术是手段，三者有着密切的内在逻辑关系。职业视野中的职业教育本质是面向特定职业培养人才的教育，这种特定职业即直接从事物品生产、交换或服务的职业；工作视野中的职业教育本质遵循工作任务逻辑，将工作视为利用脑力和体力来制作实物或从事服务的过程；技术视野认为对现在职业教育进行深刻认识的前提是理解现代技术，而且技术知识应成为职业教育课程的主要内容。

3. 两种不同视角的区别

通过对上述社会学和教育学两种视角下职业教育本质属性的分析可以看出，两种观点本质上的区别是对"职业"的不同理解，且出发点不同。

在对"职业"概念的不同理解上，存在"有限职业"与"无限职业"的争论。社会学职业教育本质属性论基于"无限职业"的观点，认为职业教育是面向所有职业的教育类型；而教育学职业教育本质属性论正好与之相反，基于"学术性"与"技术技能性"的职业划分，认为职业教育应面向的职业是"技术技能职业"，与面向"学术性职业"的普通教育是具有严格区别的。

从出发点不同的角度进行分析，存在从"概念"出发和从"事实"出发两种倾向。社会学视角的职业教育本质属性论是从社会学中的"职业"概念出发，基于社会学的功能主义理论，通过分析职业教育的社会功能，来探讨职业教育的本质属性；而教育学视角的职业教育本质属性论是从职业教育的实践出发，基于职业教育与普通教育类型的差异，来探讨职业教育的本质属性。

总体而言，社会学视角的职业教育本质属性观忽视了"职业"的分类，进而混淆了职业教育与普通教育的区别；教育学视角的职业教育本质属性观忽视了"职业"的发展演变，进而形成"功利主义"与"工具主义"的倾向。

（二）职业教育本质属性——职业生涯导向性

对职业教育本质属性的探讨，经历了一个动态发展的历史过程，并伴随社会的进步和职业教育的发展而不断深化，是合乎规律性与合乎目的性的统一。因此，本节将基于职业的分类，通过分析职业教育的历史演变，进而对职业教育的本质属性进行探讨。

1. 职业教育的起点——职业

职业源于社会分工，职业的载体是人，职业决定着职业教育，职业教育以职业为核心，职业教育的目标是让学习者能够获得工作体系中的相应职业。在职业的组成结构中，与职业教育联系最为密切的是技术技能类职业。随着技术的进步和产业结构的转型，技术技能类职业结构开始升级，进而成为职业教育在整体教育体系中上移的动力，在很大程度上决定了职业教育的专业设置和内容设定。

对于职业的概念的理解，主要有经济学、社会学和心理学三种视角。

在经济学中，职业被视为获得物质财富的手段。例如，美国学者舒尔茨认为，职业是一个人为了不断取得个人收入而连续从事的、具有市场价值的特殊活动；日本就业问题专家保谷六郎认为，职业是有劳动能力的人为了生活发挥个人能力、向社会作贡献而连续从事的活动；《中华人民共和国职业分类大典（2015年版）》指出，职业是指从业人员为获取主要生活来源所从事的社会工作类别。

在社会学中，职业被视为社会组织中的"地位"。例如，美国社会学家泰勒将职业解释为一套成为模式的、与特殊工作经验有关的人群关系，能够促进职业结构的发展和职业意识形态的显现；日本学者尾高邦雄认为，职业是某种社会分工或社会角色的持续出现，由场所和地位两部分内容构成。

在心理学上，倾向于从个体的角度出发，将职业视为个人的生命历程、工作任务和经历，即"跨越个人一生的相关工作经历模式"。例如，心理学家亚瑟把职业定义为"一个人的工作经历进展过程"，而心理学家阿诺德将职业定义为"一系列与雇佣相关的职业、任务、活动和经验"。

从经济学、社会学和心理学视角来认识职业的概念，有助于更深刻地理解职业的内涵。首先，职业可以为从业者带来合理的劳动报酬，进而满足其物质生活需求。其次，职业可以为从业者赋予一定的社会角色，继而可以形成其社会组织地位。另外，职业可以为从业者提供自我价值实现的平台，从而满足其自我实现的需要。

由此可以看出，在现代社会，职业意味着谋生手段、社会角色和自我实现之路。

2. 从"训练性"到"教育性"——职业教育本质属性的历史演进

职业教育应以职业为核心，而生产技术的进步及社会分工的发展则是职业结构分化和升级的动力，并促进了职业教育从"职业训练"到"职业教育"的转变。

在农业社会，由于社会生产力低下，社会生产形式主要以农耕、狩猎和家庭手工业为主，此时的职业教育形式主要以父子继承的家庭学徒制为主，学习的内容包括生存知识和技能，技能传授的目的性和教育性不强，并且主要以共同劳动的方式来实现，这时候的职业教育形式还只是一种个人习惯。而随着手工业的出现及其规模的不断扩大，父子继承的形式已经无法满足生产的需求，此时技能传授的对象便超越家庭对象，通过招收养子的形式来维持，并发展为形式化的契约关系，通过契约来约束师徒双方的权利与义务。随着贸易与市场的扩大以及手工业的分化，逐渐形成了由商业行会和手工业行会保护其成员训练的行会学徒制。

由上述分析可以看出，在农业社会，职业教育可以视为家庭内部的"劳动训练"或者学徒制下的"技艺传授"；而在工业社会，职业教育可以视为培训"单向度的人"的企业训练，其主要目的是为产业发展提供技术培训，培养满足生产需要的技术工人。因此，在农业社会和工业社会，"训练性"成为职业教育的鲜明特征。

随着经济的发展，人类逐步进入知识社会，社会生产力水平和劳动组织方式发生了重大变革，深刻影响了职业教育的发展理念。在知识社会，技术发展的复杂性和精确度日益提高，科学化和理论化成为其显著特征，其应用范围开始由传统的生产制造领域向管理服务领域拓展，并由此推动职业结构由劳动密集型向技术密集型和知识密集型转变。与此同时，全球化趋势的发展使得社会劳动分工开始向国际化分工发展，社会生产组织变革进一步深化。由此，技术的进步与全球化趋势的结合使得从业者的职业生涯出现了越来越多的不确定性，并要求从业者通过不断学习提高自身的职业能力。

因此，在知识社会背景下，职业成为人的个性化的存在方式，而面对技术进步和社会分工的演变，职业教育不仅应为学习者的初次就业服务，而且应培养其综合职业能力，以应对职业流动和转岗需要，即不断适应职业的发展，获得职业生涯发展的能力。由此，职业教育开始转向为学习者的职业生涯发展服务，并被纳入终身职业教育体系。

"教育是人的灵魂的教育"，职业教育不再是"技术人"和"职业人"的训练场，部分学生选择职业教育的目的是为自身的职业生涯发展做"教育"准备，而非为进某个企业做"训练"准备。这样，就把传统的"'训练性'职业教育"变成了真正意义上的"'教育性'职业教育"。

因此，在知识社会，职业教育已经进入服务于个人职业生涯的"'教育性'职业教育"发展阶段。当前的职业教育是为技术技能人才培养提供职业生涯服务的教育类型，其本质内涵有以下特点：从类型上看，职业教育是教育的一种类型；从层次上看，职业教育包括初等职业教育、中等职业教育和高等职业教育；从培养目标上看，职业教育以培养技术技能人才为宗旨；从服务内容上看，作为服务业的一种，职业教育为技术技能人才提供职前准备和职后培训两个方面的服务。

3.职业生涯导向性——知识社会下职业教育的本质属性

（1）知识社会的内涵与特征

著名管理学家彼得·德鲁克指出，自近代以来，知识的意义发生了三次转变，或者说知识意义的变化分成三个阶段，即知识社会的内涵伴随着科学发展和技术进步在不断演化，推动了现代经济的快速发展和现实社会的进步，并促进了以知识为首要生产要素驱动发展的知识社会的生成与发展。

在第一阶段的100年中，职业学校和百科全书的问世将人类的生产经验转化为生产知识，并被应用于工具、生产过程和产品，进而促使工业革命的发生。

第二阶段开始于1880年前后，泰勒利用知识对工作进行研究、分析和工程化，进而促进了流水线的生产组织变革，知识以新的意义被应用于改进工作，提高了生产率。

第三个阶段开始于第二次世界大战以后，知识被应用于知识本身，这就是管理革命，知识正快速地成为生产的一个要素，压倒了资本和劳动，人类进入了知识社会。

知识社会是一种全新的社会形态，建立在对知识价值的重新审视和深度应用基础上，并以知识型的人力资源为社会构成主体，以学习、传递、利用、创造和共享知识的运作机制来对社会知识资源进行合理化配置，对社会知识效能进行最大程度的开发，进而推动社会经济和文化的发展。

知识作为知识社会中的"一种基本资源"，将成为"社会的中心"和"经济和社会行为的基础"，并成为推动社会进步的核心力量，表现为知识经济一体化、知识学习终身化、知识阶层主导化特征，其价值已经取代经济生活中的资本、资源和劳动力而成为核心要素，知识的占有、配置、传播、生产、分配和消费成为经济的基本活动方式，并构成了新型的知识经济形态。

随着知识经济带来的职业数量和结构的快速变化，对知识的学习不再是某一阶段的生活和生存需要，已经演变为终身需要。在知识社会，其"社会阶层的轴心是以知识为基础的"，其社会阶层主导者由工业社会掌握生产资源和资本的资本家向创造知识和应用知识的科学家、技术人员等知识阶层转变,"他们的知识、经验和感觉成了最重要的生产手段,并且这些手段与劳动力本身已经不可分割地一体化了"。

(2)知识社会中职业的演变特点

从工业社会进入知识社会,社会职业也在不断演化。第一次工业革命使得以蒸汽机为动力的大型工厂逐渐代替了传统的手工工厂,能源的变革与新兴的工程科学结合起来,促进了实用科学的职业化和工程师的诞生,而工作也更加专业化、细分化和等级化。在第二次工业革命中,工程师对生产过程重新进行了设计,将工人融入生产线,这使工人丧失了自主权,变得和他们创造的零部件一样可以被替代。而在知识社会,人们看到的是相反的趋势,即从等级结构、相互替代性和一般技能到横向协作和更为专业的技能的复原,工业组织模式在根本上发生了改变,工作自身被视为自我发展的一种方式,而不仅仅是一种谋生的手段。其社会职业的演变,具体表现为职业组织结构的变革、职业人员心理契约的转变、职业岗位结构和性质的变动。

职业组织结构经历了由科层制到扁平化的变革。为应对全球市场的高度竞争,很多组织进行了内部结构的重大变革,自20世纪下半叶开始实行的强调稳定性和可预见性的科层制(等级制)组织结构更加扁平化和分权化。随着工业管理由科层制模式向柔性化管理模式转变,在具体的生产方式上,由单一功能的流水线式生产作业逐渐演变为多种技术集成的综合车间或生产线,因此在知识水平和技能操作水平的综合化和复合性上,对从业者提出了更高的要求。

职业人员心理契约经历了由关系型契约到交易型契约的改变。在雇佣关系范畴里,心理契约是一种心照不宣的契约,具体指雇员应该为组织作出哪些贡献,雇主应该相应给予雇员多少酬劳作为回报。在20世纪80年代的传统的关系型契约中,员工要实现令人满意的绩效并对组织忠诚,由此获得工作保障,通常来说这是对有关雇员和雇主角色高度承诺的长期契约。随着工作方式灵活性的增强,很多组织采用期限更短的、按绩效付酬的交易型契约,雇员期望接受新的工作任务,并愿意学习新的技术以适应组织需要,而组织只需给员工提供培训以提高其专业能力。

职业岗位结构向流动化、高级化和综合化转变，新的高新技术岗位被创造出来，技术含量低的工作岗位逐渐消失，形成了人们所说的"工作搅拌器"。"工作搅拌器"作为一种技术驱动过程，会带来新的但无法预测的各种选择，由此使职业生涯向着灵活性和适应性转变。同时，知识社会的职业层次也在不断提高。在工业社会向知识社会过渡的过程中，产业结构开始由劳动密集型、技术密集型向知识密集型转变，并促使经济结构呈现从"工业型经济"向"服务型经济"转型的总趋势，使得职业结构中出现了体力劳动职业减少、脑力劳动职业增加、岗位内容和范围逐渐综合化的总趋势。

（3）知识社会中的职业教育——职业生涯导向性

职业生涯是由美国20世纪中叶发生的职业辅导运动发展而来的。较早提出职业生涯概念的学者沙特列认为，职业生涯是指一个人在工作生活中所经历的职业或职位的总称。美国著名职业问题专家萨帕认为，职业生涯是指一个人终身经历的所有职位的整体历程。因此，可以看出，职业生涯的本质就是一个人的职业历程。

关于职业生涯的发展阶段，学者金斯伯格认为青年职业生涯的发展分为空想期、尝试期和现实期三个阶段。而学者萨帕从时间、领域和投入程度三个层面来认识职业生涯，包括成长、探索、确立、维持和衰退五个阶段，儿童、学生、公民、赋闲在家者、工作者或家庭主妇六种不同角色，并按照其投入的深度形成人生发展的三个层面。

本研究涉及的大学生职业生涯包括职业准备、职业选择和职业发展三个阶段，而职业教育的"职业生涯导向性"中的职业指的是技术技能职业，而非所有职业，其具体含义是指职业教育应面向学生的整个职业生涯，以形成职业生涯能力为目标，来培养技术技能人才。

事实上，知识社会就是以知识经济生产为前提的学习型社会，也要求传统的学校教育向终身教育转变，因此作为学校教育的一部分，职业教育也必将成为终身教育体系的一部分。职业是人的存在方式，因为人的职业生涯与其自身发展密切相关，因此职业教育应当关注人的全面、可持续发展。

伴随知识社会下社会分工和职业结构的不稳定性，在人的职业生涯中职业流动将会成为常态，因而职业教育应为学习者变换专业以及应对经济和社会转变的职业生涯服务，促使职业教育的培养目标、办学层次、教学手段和教学管理方式等在传统的农业社会和工业社会基础上发生重要转变，并应呈现鲜明的"职业生涯导向性"。

职业生涯能力观经历了从行为主义导向的任务技能观、整合主义导向的关键能力观到建构主义导向的整合能力观的演变。

在工业社会中期，随着福特式流水线生产模式的日益普及，对产业工人技术技能的熟练程度提出较高要求，由此，职业教育为了满足社会对产业工人的技术技能需要，在行为主义心理学的指导下，将原有的面向岗位的综合能力细化为一系列具体的任务技能来进行培训，进而形成了以具体、孤立的操作技能为核心的行为主义导向的任务技能观。

在工业社会后期，伴随着精细化生产管理模式的兴起，在具体的生产方式上，开始由单一功能的流水线式生产作业逐渐演变为多种技术集成的综合车间或生产线，进而对企业岗位人员提出了知识与技能综合的要求，于是职业教育专家提出了整合主义导向的关键能力观。整合主义导向的关键能力观是在将个体能力视为整体性结构的基本理念下，不对能力进行面向具体岗位和详细任务的分析，而是注重多数岗位背后的一般性、关键性的素质和能力的培养。

行为主义导向的任务技能观单纯强调任务技能的可操作性，只注重鼓励技能的培训；整体主义导向的关键能力观因过分强调整体性，而忽视了特定岗位所需的任务技能的实训；建构主义导向的整合能力观，是在融合整体主义导向的关键能力观和行为主义导向的任务技能观的基础上，以具体的工作情境为基点和能力，构建了一个立体式的空间结构框架。

职业生涯能力包括技术技能、学术技能和就业技能三个部分，分别作为职业技能的外在表现、内在动力和保障。技术技能是指运用所掌握的专业知识和专业技能，解决实际问题、完成工作任务的能力；学术技能是指能随着科学进步和技术发展,不断获取新信息、更新自身知识与技能的能力;就业技能又被称为可雇佣技能,是指工作中所具有的人际交往、团队协作等能力。

在我国职业教育的发展中,一直存在着个人本位与社会本位两种价值取向的矛盾。个人本位观主张职业教育人才培养的目标应以个人价值为中心,认为职业教育应以个性化发展和完善自身的需要来建构培养活动;社会本位观强调职业教育人才培养目标应以社会价值为中心,主张职业教育应根据技术升级、产业发展,以及社会职业岗位动态发展的需要来建构培养活动。

单纯强调社会本位,会忽视学生的个性化发展及职业生涯能力的培养;过于注重个人本位,会忽视社会的共同规范以及个人的社会使命。历史上出现过教育在社会与个人之间单向抉择的尝试,这已被证明是一种教训。而职业生涯导向下的职业教育秉持以人为本的培养理念,以培养和提高建构主义导向的整合能力观下的职业生涯能力为目标,进而在注重个人发展的同时,最大限度地对社会需要进行回应。因此,职业生涯导向能够有效融合个人本位与社会本位的价值取向,进而统一于学生的职业生涯发展中。

第二节 高职院校专业群建设的实践路径

高职院校专业群建设的实践路径即专业群建设实践中的具体操作方法。首先,对于职业生涯导向、"双联动"逻辑下的高职院校专业群建设,要采取具体措施促进高职院校内部联动与外部联动的结合;其次,要建构高职院校学生职业生涯追踪平台,服务高职院校毕业生的职业生涯发展。

一、职业生涯导向下"双联动"逻辑运行分析

职业生涯导向下高职院校专业群建设,就是将高职院校专业群建设与学生的职业生涯发展相结合,其实质在于通过技术技能人才的"人才供需信息"与"个人生涯信息"的对接,为专业群动态建设提供依据。高职院校专业群建设的"双联动"逻辑有助于实现技术技能人才供需与生涯信息的共建共享和传递反馈。然而,高职院校专业群建设的"双联动"逻辑在现实运行中存在一定程度的脱节与失轨现象,表现为"外部联动"的"时滞效应"与"内部联动"的"孤岛现象",其根源为高职院校内部和外部的"人才供需信息"和"个人生涯信息"的沟通渠道不畅、协同机制欠缺、决策科学性不足。而在"互联网+"背景下,职业教育呈现以用户中心为特征、以万物互联为特性、以智慧化人才培养为特色、以大数据的深度应用为特点的新生态,有助于形成基于职业生涯追踪平台、多方协同参与、大数据决策支持的职业生涯导向下高职院校专业群建设"双联动"逻辑的实践路径,进而为高职院校专业群建设提供最可靠、最直接、最科学的动态建设依据。

(一)高职院校专业群建设"双联动"逻辑运行困境分析

职业生涯导向下高职院校专业群建设,秉持以人为本的培养理念,以培养学生职业生涯能力为目标。高职院校专业群建设包括专业结构布局、课程体系建设、实训体系建设、培养模式改革、师资队伍组建和组织机制设计等要素,其实质是高职教育专业结构、人才市场就业结构和社会经济产业结构三者间的"人才供需信息"在高职院校人才培养过程中的反映。学生职业生涯发展包括志愿报考、学业监测、生涯指导、就业跟踪、失业预警和资历认证等过程,其本质是包含招生信息、培养信息和就业信息等在内的"个人生涯信息"。因此,在职业生涯导向下,高职院校往往通过技术技能人才的"人才供需信息"与"个人生涯信息"的对接,为专业群的动态建设提供决策依据。

高职教育是以自我指涉机制运行的自创生系统,与外部社会是一种主动适

应的关系，并呈现自治、自持的结构特征以及与外部环境的动态相应性的结构耦合特征，在自我指涉机制运行的背后，是高职教育内部与外部"双联动"发展逻辑。高职院校专业群建设是经济与社会的发展对于人才的需求与高职院校内在发展相结合的产物，是高职教育服务于经济、社会和个人发展的必由之路。

高职院校专业群建设的"双联动"逻辑的实质在于，以具有专业群特色的高职院校对于人才培养的复杂性，化约经济、社会发展对技术技能人才需求的复杂性。

技术技能人才需求的复杂性是由高职教育的外部联动决定的，即通过高职院校与教育部门、用人单位、人力资源社会保障部门（简称人社部门）等联动，整合高职院校专业结构、人才市场就业结构和社会经济产业结构三者间的"人才供需信息"。而技术技能"人才供需信息"通过"促进人的职业生涯发展"这一"纲要"的指导以及"职业人/非职业人"的"符码化"，促进技术技能人才需求目标的形成。

技术技能人才培养的复杂性是由高职教育的内部联动决定的，即通过高职院校内部招生部门、教务部门和就业部门的联动，整合校内力量聚焦于高职院校人才培养的专业群建设，通过面向学生的整个职业生涯，以培养职业生涯能力为目标，来指导专业群建设的培养方案制定、课程体系设计等，进而促进学生的职业生涯发展，提高技术技能人才的供给质量。

因此，职业生涯导向下高职院校专业群建设的"双联动"逻辑，即高职院校与教育部门、用人单位、人社部门等的外部联动与高职院校招生部门、教育部门、就业部门间的内部联动相结合，以及技术技能人才的"人才供需信息"与"个人生涯信息"的全面对接，为专业群的动态建设提供了决策依据，并最终服务于学生的职业生涯发展。

然而，职业生涯导向下高职院校专业群建设"双联动"逻辑在现实运行中存在一定程度的脱节与失轨现象，具体表现在以人为本的发展理念尚未牢固确立、产教融合的协同培养机制尚未形成、高职院校专业结构和规模与产业发展的适切性较弱、人才培养的类型和层次对市场需求的适应性较差等问题上。

在专业结构、就业结构、产业结构组成的"外部联动"中,"人才供需信息"传递存在一定程度的"时滞效应"。

一是就业结构与专业结构间信息传递产生的时滞,包括高职院校调整专业结构的决策时滞、从专业结构调整到新人才供给结构形成的时滞,以及从劳动者再培训到新就业结构形成的时滞。

二是产业结构与就业机构间信息传递产生的时滞,包括产业结构自身调整的时滞、产业结构向就业结构传递的时滞、劳动者对就业结构异动的获知与反应时滞等。

而在高校招生部门、教务部门、就业部门组成的"内部联动"中,学生生涯信息传递也存在一定程度的"孤岛现象"。因为受传统计划经济模式的影响,高校内部招生、培养与就业环节处于条块分割、各自为战的状态:招生部门只负责新生录取,较少考虑专业与学生的职业兴趣是否相关、专业教学资源调配是否合理;教务部门只负责按各专业教学大纲和教学计划实施培养,较少考虑该培养计划如何适应社会需求和提升学生的就业能力;就业部门只负责督促学生找工作以提高就业率,较少考虑学生的培养过程、就业质量和专业吻合度。正是由于"时滞效应"与"孤岛现象"的存在,使得社会发展中"人才供需信息"无法及时、有效地反馈到高职教育内部的人才培养体系中。同时,高职教育内部也尚未形成联动协同的育人机制,来积极回应外部的人才需求,继而使得高职教育的人才培养与经济社会发展严重脱节,结构性矛盾凸显。

职业生涯导向下高职院校专业群建设的"双联动"逻辑在运行时面临"时滞效应"与"孤岛现象"的根源在于,高职院校内部和外部的"人才供需信息"和"个人生涯信息"之间的沟通渠道不畅、协同机制欠缺、决策科学性不足。受到我国教育管理体制和技术条件的制约,高职院校与人社部门、教育部门间多头管理、信息分散、传递低效,高职院校内部招生、教务与就业等各部门间条块分割、沟通不畅等问题突出。因此,构建多方协同参与的信息沟通平台,成为减少"时滞效应"、消除"孤岛现象"、促进职业生涯导向下高职院校专业群建设"双联动"逻辑良性运行的关键。

随着"互联网+"的日益成熟且应用广泛,为解决上述问题提供了难得的机遇。在"互联网+"背景下,基于云计算技术、大数据技术和泛在网络技术,可以实现高职院校与教育部门、人社部门、用人单位、行业协会的互联互通和数据的共建共享,进而形成多部门协同参与学生职业生涯发展的信息传递与反馈机制,并为高职院校专业群动态建设提供科学的决策依据。

(二)"互联网+"背景下"双联动"逻辑运行困境破解

随着"互联网+"概念的提出与发展,其行动计划被视为信息化与工业化融合的升级版,在不同行业与领域受到了广泛的认可,并于 2015 年写入《政府工作报告》,进而上升为国家战略,旨在将互联网融入社会各个领域,并重建社会生产与生活方式的新常态。

"互联网+"是一场由信息革命引发的产业革命。在"互联网+"时代,随着以去中心化、用户生产内容、平台化为核心特征的 Web 2.0(第二代互联网)的出现,每个人都成为网络社会中的一个独立的信息源,由此导致信息传播方式开始由中心化传播模式向点对点模式转变。"互联网+"连接的不仅是单个的人,而且是整个社会。国务院发布的《国务院关于积极推进"互联网+"行动的指导意见》指出,将"互联网的创新成果与经济社会各领域深度融合,推动技术进步、效率提升和组织变革,提升实体经济创新力和生产力,形成更广泛的以互联网为基础设施和创新要素的经济社会发展新形态",因此实体经济与互联网深度融合,能够引领传统产业进行自我变革和转型升级的时代革命。

"互联网+"的本质内涵是创新驱动,倡导互联网与经济社会各要素的全方位的跨界连接和深度融合,从而形成以创新驱动发展的社会新形态。"互联网+"的价值导向是以人为本,借助"互联网、云计算、大数据等正在从简单的工具快速成为整个社会的基础设施",促使生产和消费由供给导向转变为需求导向,进而促进个人价值的凸显与中心地位的回归。

"互联网+"的实现途径是开放协作,以互联网为基础设施,融合云计算技术、大数据技术、泛在网络技术,从而能够"去中心化,降低信息不对称,重新解构了过去的组织结构、社会结构与关系结构，真正实现了分布式、零距离的关系建构和连接"，并且通过经济与社会体系的开放协作，促进其效率提升和组织变革。

在"互联网+"的时代背景下，教育将迎来人类历史上第四次大变革，"全面满足每个人的学习需求成为这次教育变革的核心要义"，但在教育实践领域，学校的教育实践与新技术的驱动之间极度不协调，表现为学习理念的"统一化"与"用户化"、学习资源的"单一化"与"多样化"、学习环境的"封闭化"与"开放化"等。

作为与经济、社会联系最为紧密的教育类型，职业教育面临的挑战尤为突出。在"互联网+"建构的社会新常态下，工业化与信息化加速融合，传统产业向"智能制造"转型升级，进而形成基于消费需求动态感知的生产模式和依赖互联网大众协作的、由标准化生产向个性制造转变的生产组织形式。因此，在"互联网+"时代，人类将从传统流水线上机械与重复的劳动中解放出来，并更多地从事创新型工作，随着"机器换人"的快速推进，传统的职业岗位将受到较大的冲击，"综合素质和技能、创新精神将成为未来从业者的重要竞争基础"。

为了应对"互联网+"时代对技术技能人才提出的新挑战，面对信息时代成长起来的"数字土著"，如何能够将ICT技术（information and communications technology，即信息与通信技术）融入职业教育人才培养体系，来应对"两化融合"的全新挑战，如何创设个性化与交互性的学习环境，如何创新人才培养模式和变革教育管理与评价方式，是目前职业教育发展亟待解决的重大现实问题，也是促进现代职业教育"供给侧"改革、提高技术技能人才培养质量的关键所在。

"互联网+职业教育"即将互联网的创新成果深度融合于职业教育教学活动的全过程，形成以学生为中心，以互联网为基础设施和驱动要素，各个利益相关者协同参与招生决策、教学培养与职业发展的职业教育新常态，进而通过"技术与学校系统各要素的深度融合，将推动学校教育系统的结构性变革，帮助学校建设成为一个开放系统,形成创新人才培养的模式和适应信息时代的学校文化"。

在"互联网+"视域下,互联网不仅是职业教育的时代背景,而且是引领职业教育以学生发展为本的全方位变革的推动力。"互联网+职业教育"以用户中心为特征,引领职业教育以学习者为中心的教育理念变革,形成招生、培养与就业一体化的、注重学生个性化需求的人才培养体系;"互联网+职业教育"以万物互联为特性,引领职业教育产教深度融合、校企深入合作,构建多元主体参与职业教育招生决策、培养方案制定、资源建设、实习实训、创新创业的协同育人机制;"互联网+职业教育"以泛在网络和云计算技术为基础,通过响应学习者个性化的学习需求,构建泛在与开放的教育环境、基于慕课和翻转课堂的互动交互的教学模式,以及在线教育体验与职业体验相结合的教育生态;"互联网+职业教育"以大数据的深度应用为特点,整合学校、企业等与学生相关的结构化和非结构化的职业生涯发展数据,进而支持系统化和综合化的学习评价及其应用。

"互联网+职业教育"是以互联网为基础设施和创新要素,以云计算、大数据和泛在网络为支撑技术,搭建的智慧化管理平台,促进信息通信技术深度融入职业教育招生决策、人才培养与生涯服务过程,形成以用户中心为特征、以万物互联为特性、以智慧化人才培养为特色、以大数据的深度应用为特点的职业教育新生态。因此,在"互联网+职业教育"体系下,通过实现高职院校内部与教育部门、人社部门、用人单位、行业协会间的互联互通,以及技术技能人才供需信息与学生个人生涯信息的共建共享,能够形成多方协同参与学生职业生涯发展的信息传递与反馈机制,进而破解专业群建设"双联动"逻辑的运行困境。

二、基于"互联网+"的职业生涯追踪平台构建

在"互联网+职业教育"背景下,职业生涯导向下高职院校专业群建设"双

联动"逻辑运行的关键在于职业生涯追踪平台的构建。由此,在"互联网+"背景下,从技术架构、数据结构、功能设计三方面开发高职院校学生职业生涯追踪平台,促进高职院校内部与教育部门、人社部门、用人单位、行业协会间的"双联动",建构多方协同参与、大数据决策支持的学生职业生涯的信息传递与反馈机制,进而实现技术技能人才供需信息与高职院校学生个人生涯信息的对接,为高职院校专业群建设提供最可靠、最直接、最科学的动态建设依据。

(一) 职业生涯追踪平台的价值理念

价值追求的是人的实践活动的动机和目的,而高职教育实践作为人类活动的较高层次的存在形态,其价值导向更为重要。在历史上,新中国的高职教育经历了两次大的价值变迁。在中华人民共和国成立初期,高职教育与社会、经济保持紧密关系,片面适应经济发展需求,教育的工具性价值极度膨胀;而在市场经济改革过程中,高职教育一度自我封闭,脱离社会、经济与现实的发展,人才培养与社会需求之间结构化矛盾突出。高职教育必须尽快解决完全依附经济生活和完全脱离经济生活所带来的矛盾和冲突,在引领社会进步和适应经济发展之间寻找平衡点。当前,高职教育现代化已成为支撑、推动和引领国家现代化发展的重要基础和引擎,"双联动"发展观下的中国高职教育必须彰显"以人为本"的核心理念,突出实现人的全面发展的教育目标,树立以学习者为中心的现代教育观。

服务学生的职业生涯发展是"双联动"逻辑下高职教育"以人为本"理念的核心要义,包括志愿报考、学业监测、生涯指导、就业跟踪、失业预警和资历认证等生涯发展的全过程,其出发点和根本目的在于促进学生的全面、和谐成长,从而适应和满足当前社会发展对人才的需求。而学生职业能力的提高是一个系统性工程,在互联网日益成为创新驱动发展的先导力量的今天,社会、政府、高校、企业和学生均需要强化互联网思维,以有效提高学生职业能力,达到人岗匹配、无缝对接的目的。因此,如何推进学生职业生涯发展信息化建设,开发学生生涯管理与跟踪信息平台,打造多方协同联动的高职教育生态圈,成为当前"双联动"逻辑下高职教育落实"以人为本"理念亟待解决的问题。

学生职业生涯追踪平台应该成为学生个人、高职院校、用人单位和政府部门共建、共享、共赢的决策平台。对于学生个人而言，积极填写个人的学业信息与就业信息，能够在国家资历框架内实现生涯经历与职称评审的有效衔接，有助于获得国家的失业救助、创业奖励等支持。对于高职院校而言，能够及时获得招生、教学、就业等人才培养全过程信息，根据学生的职业发展情况，适当调整自身的发展规划、课程体系，或者适当组织再就业培训等。对于用人单位而言，可以有效发布自身的用人需求，进行人才管理，获取国家相应的补贴等。对于政府部门而言，可以挖掘人才需求信息与人才培养信息及其相互间的关系，有效地整合并调整相应的人才发展规划、招生规模及其结构，进而制定针对企业、高职院校、毕业生的配套与激励政策。

（二）职业生涯追踪平台的体系架构设计

目前，我国各行各业正在进入"互联网+"时代，"互联网+"的核心理念是"以人为本"和"开放协作"，而"互联网+高职教育"的本质即用互联网思维激发高职教育的活力，将互联网作为一种新的关键要素，深度融合于高职教育教学的各个环节，构建开放、互动的办学体系。

因此，基于"互联网+"开发的学生职业生涯追踪平台，其宗旨是服务于高职院校学生的职业生涯发展，通过高职教育内部与外部的"双联动"，建构多元协同参与学生职业生涯发展的信息传递与反馈机制，形成高职学生、高职院校、教育部门、人社部门、用人单位和行业企业各方协同参与、互惠共赢的运作机制。

总体而言，学生职业生涯追踪平台基于三项支撑技术，通过六个主体协同参与，以实现九个数据库的共建共享，进而为学生职业生涯发展提供六项系统服务，其体系架构如图 3-1 所示。

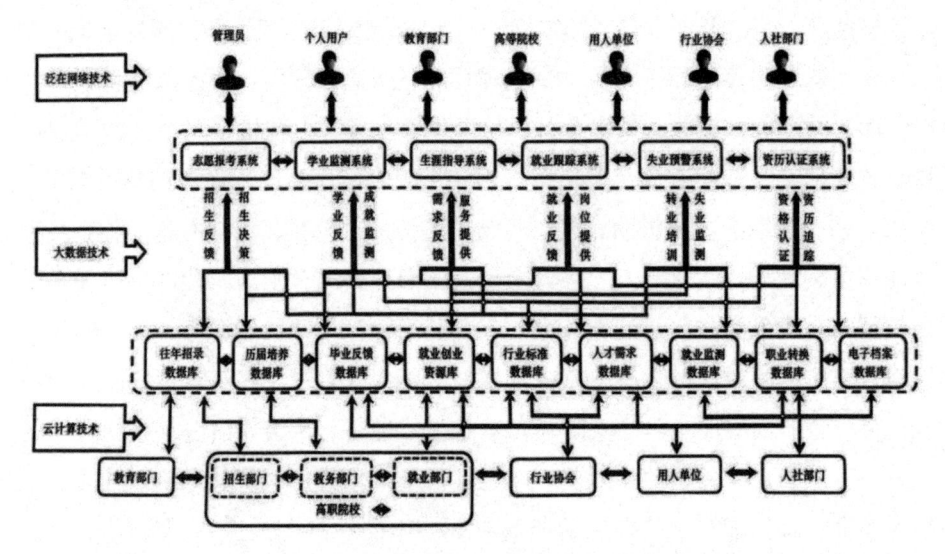

图 3-1 学生职业生涯追踪体系架构图

1. 技术架构

在"互联网+"背景下，云计算技术、大数据技术和泛在网络技术是高职院校学生职业生涯追踪平台的关键支撑技术。三项技术的融合协作，能够形成"云+网+端"的技术架构，进而实现高职院校内、外的互联互通，数据的共建、共享，以及信息的深度应用。

云计算的本质是一种服务模型，作为一种高性价比的共享解决方案，云计算技术将计算资源、存储资源、网络资源进行模块化组合，来实现"资源池化"，并采用分布式的网络分发服务方式，使用户可以突破地理位置与硬件部署环境的限制，实现自助式、远程式访问云资源中心，将其应用在职业教育教学活动中，可以实现高职院校、用人企业、行业协会和政府部门间的信息沟通与资源共享，消除"信息孤岛"与"资源孤岛"。

大数据技术超越了人们以往对于数据关系的传统认识，更强调数据的整体性和混杂性，更追求数据间的相关关系，建立在相关关系分析法基础上的预测是大数据的核心。作为一种前沿的数据分析技术，大数据技术利用其分布式数据库、并行计算、数据挖掘等功能，对职业教育内部运行信息与外部需求信息进行整合、分析与预测，探索不同因素与变量间的相关关系，进而为职业教育管理和决策服务。

泛在网络技术将通信网、互联网、物联网三网融合，使信息空间与物理空间实现无缝的对接，在很大程度上打破了时空地域的界限，使得"时时能学、处处可学、人人皆学"成为现实，将其融入职业教育教学活动，可创设虚拟空间与现实空间相结合的网络学习空间，实现与台式机、笔记本、手机、手持电脑等终端的"多屏互连互通互动"，形成4A（Anyone、Anytime、Anywhere、Anything）的学习环境。

2. 数据结构

在云计算、大数据和泛在网络技术的支撑下，高职院校学生职业生涯追踪平台要实现高职学生、高职院校、教育部门、人社部门、用人单位和行业协会六个参与主体的协同联动，进而促进"往年招录数据库""历届培养数据库""毕业反馈数据库""就业创业资源库""行业标准数据库""人才需求数据库""就业监测数据库""职业转换数据库""电子档案数据库"九个数据库的共建共享。

往年招录数据库主要整合来自教育部门和高职院校招生部门的招生、录取和报到数据；历届培养数据库主要整合高职院校教务部门的学生学业成绩、社会实践、评优评奖等数据；毕业反馈数据库主要整合毕业生对在校期间的培养计划和用人单位对于毕业生就业状况的反馈数据；就业创业资源库主要整合高职院校与用人单位的就业能力提升课程资源和创业项目资源；行业标准数据库主要整合行业协会和用人单位对于相关行业具体岗位的技能要求、操作规范等数据；人才需求数据库主要整合行业协会的人才需求预测和用人单位的人才需求具体规划；就业监测数据库主要整合人社部门的区域或行业的就业形势监测与收入变化分析数据、劳动力市场价格监测数据等；职业转换数据库主要整合人社部门和用人单位对于毕业生初次就业信息、就业异动信息的追踪数据；电子档案数据库主要整合人社部门对于毕业生的人事档案的记录和转接、社会保险的转移接续等数据。

3. 功能设计

在"互联网+"背景下，学生职业生涯追踪平台将云计算、大数据和泛在网络技术深入融合职业教育人才培养的全过程，通过发挥联通、聚合、预测、协作与体验五种服务功能，服务学生职业生涯的"志愿报考""学业监测""生涯指导""就业跟踪""失业预警""资历认证"六项系统业务。

"互联网+职业教育"体系作为一种高性价比的共享解决方案，通过主体间的"互联互通"，在管理层面，共享人才培养相关的数据与信息，消除"信息孤岛"；在教学层面，校企协作共建共享教学资源，并基于泛在网络终端发布，消除"资源孤岛"。

"互联网+职业教育"体系可以提供优质的信息聚合服务，通过大数据技术汇集来自用人企业的就业反馈信息、行业协会的产业与技术信息，以及高职院校的人才培养状态信息，并对其进行分类与聚合分析，形成系统的专业、职业发展信息。该体系可以提供优质的需求预测与学业预警服务，利用大数据技术对企业发布的岗位需求信息与行业预测信息进行决策，并对人才需求的规模、专业结构和能力结构进行分析与预测，利用大数据技术实时监测学生的学习进程，并适时提供学习状态预警。该体系更是一种高效的协作平台，通过构建主体间的交流协作平台，有利于高职院校形成人才培养方案制定、优质资源共建共享、学习进程监控与学业成就评价、就业创业体系协同参与机制。该体系还可以提供优质的教学体验和职业体验服务，通过泛在网络技术创设网络学习空间，实现生产过程与教学过程相结合、仿真教学软件与仿真实训系统相结合，增强基于工作现场的教学体验，并通过互联网构建在线职业体验中心，创设虚拟的职业情境，整合高职院校的教学资源与企业的培训资源，为学生提供专业的职业体验服务，继而提高毕业生的就业适应性。

九个数据库的共建共享，是为了服务学生志愿报考、学业监测、生涯指导、就业跟踪、失业预警和资历认证六项系统业务。志愿报考系统的数据支撑包括往年招录数据库、历届培养数据库、毕业反馈数据库、人才需求数据库，该系统面向个人报考咨询与反馈和高职院校招生决策提供服务平台；学业监测系统的数据支撑包括历届培养数据库、毕业反馈数据库、人才需求数据库和行业标准数据库，该系统面向学生学业成就记录与反馈和高职院校学业监测与预警提供服务平台；生涯指导系统的数据支撑包括毕业反馈数据库、就业创业资源库和人才需求数据库，该系统面向学生生涯指导和面向高职院校需求反馈提供服务平台；就业追踪系统的数据支撑包括毕业反馈数据库、人才需求数据库和职业转换数据库，面向学生就业选择、用人单位用人反馈和人社部门职业追踪提供服务平台；失业预警系统的数据支撑包括就业创业资源库、人才需求数据库和就业监测数据库，面向人社部门的学生就业监测、失业预警与转业培训提供服务平台；资历认证系统的数据支撑包括职业转换数据库、电子档案数据库、行业标准数据库，面向人社部门的学生资历追踪与资格认证提供服务平台，疏通毕业生跨区域、跨不同单位主体就业的渠道。

（三）职业生涯追踪平台的协同联动参与

基于"互联网+"背景下的学生职业生涯追踪平台，可以实现高职学生、高职院校、教育部门、人社部门、用人单位和行业协会六个参与主体的协同联动，进而打通从招生、培养到就业的职业生涯发展通道，通过数据、信息、资源的共建共享机制，以基于大数据分析的教育管理与决策支持，服务学生的职业生涯发展。

1. 高职学生的参与机制

高职学生是学生职业生涯追踪平台的参与主体，也是受用主体。一方面，高职学生参与往年招录信息的统计、培养信息的跟踪、毕业数据的反馈、职业生涯追踪等数据库的建设当中；另一方面，高职学生根据往年招录数据库、历届培养数据库、毕业反馈数据库、人才需求数据库，来进行个人的报考决策。

作为参与主体和受用主体，高职学生的参与机制包括以下四个方面：

第一，依托历届培养数据库和毕业反馈数据库，记录自身的学业成就。

第二，通过毕业反馈数据库、就业创业资源库和人才需求数据库，接受个性化的学生职业生涯指导。

第三，依靠就业监测数据库、职业转换数据库、就业创业资源库、人才需求数据库等，获得失业预警和再就业培训等服务。

第四，通过职业转换数据库、电子档案数据库和行业标准数据库，实现毕业生的职业资历追踪与资格认证服务。

2. 高职院校的参与机制

高职院校是学生职业生涯追踪平台建设的实施主体，其核心职责是通过共享招生与培养信息，分析用人单位与行业协会的人才需求，响应毕业生及用人单位的就业反馈，进而推动自身的招生决策、人才培养、生涯指导和再就业培训等。

高职院校作为平台建设的实施主体，其参与机制包括以下四个方面：

第一，基于人才需求的规模结构、能力结构与往年专业招录的特征分析，进而决策招生专业、招生方向和人数比例等。

第二，整合人才需求信息、毕业反馈信息、行业与企业生产或操作标准，动态调整专业设置与专业方向、教学内容和教学方法。

第三，基于人才培养数据库，通过与常模成就记录对比，监测学生学业进展状况，并适时提出学业预警。

第四，整合毕业反馈信息与人才需求信息，分析专业的就业方向与能力要求，进而基于就业创业资源库，有针对性地进行个性化的生涯指导及再就业培训等。

3. 教育部门的参与机制

教育部门是学生职业生涯追踪平台建设的管理主体，其核心职责是发挥统筹与协调的功能，协调各方机构组建建设委员会，负责按照"分工协作、责任共担、收益共享"的运行机制，制定职业生涯追踪平台的建设规划、制度设计、配套的激励政策和绩效考评体系等。同时，教育部门要整合高职院校毕业生的就业信息、用人单位的就业反馈信息、人社部门的职业发展信息，以及行业协会的发展规划与人才需求预测分析，进而从宏观上确定高职教育的招生规模、招生层次与招生结构等。

4. 人社部门的参与机制

人社部门是学生职业生涯追踪平台建设重要的参与主体，其核心职责是通过对毕业生进行就业监测和档案追踪，进而适时提出失业预警并参与其职业资格认证。

作为平台建设的参与主体，人社部门的参与机制包括以下四个方面：

第一，基于就业监测数据库，结合全国与区域的人才价格指数，分析学生的就业形势与收入变化，适时发布失业预警。

第二，基于人才需求信息库与就业创业资源库，对失业人员进行再就业培训。

第三，基于职业转换数据库和电子档案数据库，对学生的就业岗位与就业质量进行统计和追踪，对工作年龄、工作内容、岗位能力进行追踪和确认，并与行业协会合作。

第四，基于行业标准，进行职业资格认证，进而服务学生的职业生涯发展。

5. 用人单位的参与机制

用人单位是学生职业生涯追踪平台建设重要的参与主体，其核心职责是通过参与人才需求分析、共享培训岗位与资源、追踪在岗学生职位变迁，进而为自身产业转型升级提供人力资源储备。

用人单位的参与机制包括以下三个方面：

第一，通过发布岗位需求的规模、能力结构和层次结构等信息，参与高职教育的招生决策和人才培养环节。

第二，与高职院校合作，通过共享培训岗位与资源，实现在校学生的毕业实习、专业教师的一线实践，以及企业在岗人员的技能提升与再就业培训。

第三，与人社部门合作，对大学毕业生进行就业跟踪，记录与分析在岗学生的职业异动情况，适时提供失业预警，进行再就业培训指导。

6. 行业协会的参与机制

行业协会是学生职业生涯追踪平台建设重要的合作主体，其核心职责是参与行业人才需求分析与行业标准制定。一方面，行业协会通过分析行业的发展趋势和人才需求的规模、层次与能力结构，能够指导高职教育的招生决策与人才培养；另一方面，行业协会通过制定行业标准，进而与人社部门合作，参与对学生职业资历的确认与职业资格的认证。

第四章 大数据背景下高职院校高水平专业群建设的管理

2019年，中华人民共和国教育部、中华人民共和国财政部在其发布的《关于实施中国特色高水平高职学校和专业建设计划的意见》（即"双高计划"）中提出，要"打造高水平专业群"，发挥专业群的集聚效应和服务功能，实现人才培养与产业需求的全方位融合。高职院校高水平专业群建设的核心是通过高水平专业辐射和带动相关专业的共同发展，提高高职院校办学水平与人才培养质量，提高高水平专业群管理效能，促进专业群内专业协同发展，提高专业群建设质量。

第一节 "双高计划"背景下高水平专业群建设的内涵要求

经过国家示范及相关政策的推进，高职院校专业建设已从规模发展转向高质量内涵式发展，为"双高计划"的高水平专业群建设奠定了理论和实践基础。"双高计划"的高水平专业群建设是新时代赋予高职院校的新使命，要求高水平专业群引领产业发展，在内能促进专业各要素协作和资源共享，在外能对接产业链和岗位群需求，适应产业发展。专业群建设的内涵要求主要体现在精准对接产业需求、优化资源配置和开展自我诊改等方面。

一、精准对接产业需求，动态调整专业群结构

产业发展是高职院校专业群建设的外部驱动力，精准对接产业需求则是其逻辑起点。高职院校专业群建设要实现"当地离不开"，则必须大力推进专业群与地方产业群精准对接，专业群组建与当地产业需求相吻合，专业群人才培养方案、教学与研发过程及课程标准与行业职业标准有效对接，并且通过推行1+X证书制度，实现专业技能证书与企业岗位资格证书的对接。高职院校应根据产业发展动态，调整专业群内的专业，加大专业群内各专业的关停并转力度。

二、优化资源配置，提高资源共建共享度

专业群建设与专业建设最大的区别是是否进行资源整合，专业群资源整合是专业群建设的内驱力。单体专业建设模式是离散的，其突出的问题就是学校办学资源的割裂，导致一个个资源"孤岛"的形成，使得资源分配不均、共享度低、资源浪费大。专业群建设就是要解决单体专业建设模式的弊端，即充分发挥集群效应，有效整合设施资源、教学资源、师资等，将原有的小而散的单体专业资源有机融合，形成合力，相互支撑，系统化优化或重构资源配备和教学组织，实现专业群资源共享效益的最大化。

三、开展自我诊改，形成动态调整机制

高职院校专业群的建设过程是随着产业发展持续优化升级的动态过程。为了适应产业发展需求，高职院校需要进行自我诊断，动态调整专业群组合和优

化资源配置，形成一套能够不断自我完善的发展机制。一方面，要匹配产业发展需求，动态调整专业群组合；另一方面，要动态更新专业群建设内涵。专业群人才培养方案和教学内容必须紧跟新技术、新工艺、新规范，适应产业变革和新技术更新趋势，不断调整人才培养定位和优化教学内容，将产业群先进元素更新到专业群教学标准和教学内容当中，确保培养目标适应职业岗位需求、教学内容体现新技术和主流技术，以及人才培养方案与时俱进。

第二节 高水平专业群实施数字化管理的重要意义

一、适应"双高计划"要求，提高信息化水平

"双高计划"明确提出，要促进信息技术和智能技术深度融入教育教学和管理服务全过程，综合运用大数据、人工智能等手段推进学校管理方式变革，提升管理效能和水平。因此，高职院校应以信息技术改造传统专业和催生新兴专业，推进各类专业资源共建共享，实现线上、线下混合教学。

二、适应信息化发展，提高专业群管理效率

目前，传统专业在数据管理方面仍然效率低下，为了专业评估，教师往往要花费大量时间整理材料和查询专业数据或资料。因高职院校在高水平专业群的建设过程中涉及的专业、数据、资源和人数众多，使得专业群管理变得更加复杂，如果还采用传统的专业管理模式，那么专业群管理工作量将成几何级增

长，因此必须借助数字化手段，提高专业群建设管理效率和质量，让教师从复杂的专业群日常管理工作中脱离出来，以更好地思考专业群的建设与发展。

三、促进专业群资源共享，提高专业群资源效益

高职院校的专业群资源必须借助互联网实现共享，原因如下：
一是可以合理配置专业群教学设施资源，减少教学设施资源的浪费。
二是能实现专业群教学资源共建共享，避免重复建设。
三是能充分发挥教师的潜能，有效促进教师间的协作、共享和交流。

四、实施动态专业群管理，提高专业群建设质量

传统专业数字化平台的主要局限在于，采集的专业建设数据主要用于专业检查、评估，未能有效挖掘专业数据以促进专业建设发展。专业群建设涉及的数据更多、管理更复杂，不仅要实现专业数据采集的数字化，而且要实现管理层面的数字化，这样才能有效挖掘专业群数据的应用、监测功能，分析专业群建设过程，才能及时分析专业群与产业的匹配度，实时调整专业群结构，发现与解决专业群建设过程存在的问题，实现动态专业群管理，以不断提高专业群建设的质量。

第三节 高职院校高水平专业群数字化管理的关键点分析

高职院校要实施专业群数字化管理，首先要采集专业群建设全过程的数据，建立专业群数据中心，利用大数据技术开展专业群诊改，建立资源共建共享机制，实施专业群建设过程监测与专业评测，达到专业群内部彼此关联但相互分离的专业协同发展，促进专业群健康发展。

一、专业群信息的采集与管理是高水平专业群数字化管理的基础

（一）专业建设数据管理现状分析

目前，与专业数据采集有关的平台有高等教育基层统计报表、高等职业院校人才培养工作状态数据采集与管理平台和全国高等职业教育专业建设与职业发展管理平台等。高等教育基层统计报表主要涉及《高等职业学校设置标准（暂行）》和《普通高等学校基本办学条件指标（试行）》相关评价指标数据，其中有关专业建设方面的数据只有专业学生分布数据；高等职业院校人才培养工作状态数据采集与管理平台是教育部在进行高等职业院校人才培养工作评估时启用的，沿用至今，该平台采集有关专业建设方面的数据，涉及专业设置、课程教学、实训基地、合作企业、职业资格和师生等，但其数据主要是一些结果数据和宏观方面的数据，难以全面、真实、整体地反映高职院校的专业建设过程和专业发展；全国高等职业教育专业建设与职业发展管理平台在示范校和骨干校建设期间，用于采集骨干专业建设数据，该平台对专业各方面数据都会

进行采集，但是采集的专业建设数据只是用于对专业建设的验收，没有对专业建设发挥促进作用，并且在验收时，还要提供大量专业建设过程的纸质版佐证材料。

目前，专业建设数据依然存在一些问题：

一是专业建设数据管理效能低下，教师为了专业评估，往往花费大量时间整理材料和查询专业数据或资料，犹如大海捞针。

二是专业建设数据应用程度低。目前，各平台采集的专业建设数据局限于专业检查、评估，未能通过分析现有专业数据发现专业建设过程存在的问题，也没有通过挖掘专业建设数据为专业建设发展提供支撑。

（二）专业群信息的采集与管理机制

"双高计划"背景下的专业群建设，不是简单的专业组合，而是具有密切关联的各专业在各个方面的深度融合，专业群建设的相关数据也将成倍增长。与此同时，随着教育的信息化发展，与专业群相关的多媒体资源不断地成倍增长，面对不断增长的专业数据和资源量，高职院校应当思考如何采集与管理原有各专业相对独立的数据、资源和资料（以下有关专业或专业群的数据、资源、资料统称信息），以便实现专业群信息的共建共享，提升专业群信息管理效能和数据应用水平。

专业群信息的采集与管理遵循的五大原则如下：

第一，专业群信息的组织遵循系统性原则。专业群建立后，要将其视为一个系统，以核心专业为主线采集和管理专业群信息，进而构建专业群信息空间。专业群信息空间可以被定义为一个三维信息空间，其中，X 轴为核心专业，Y 轴为专业群其他专业，Z 轴为专业群各类信息集合。专业群的三维信息空间既可反映各群内其他专业与核心专业的关联度，又能反映核心专业和群内其他专业的各类信息量。专业群信息的组织管理具有层级关联性，从专业群、专业、专项数据、单个数据等层级构建专业群信息，并能逐层进行展示分析。

第二，专业群信息采集遵循源头采集原则。对于专业群信息的采集，必须先确定数据的源头部门和源头人，从源头开始进行粒度采集。粒度数据汇成专项数据，各专项数据汇成群内各专业相关数据，最后由专业数据整合为专业群数据。

第三，专业群信息采集遵循标准引领原则。专业群信息采集涉及面广，数据种类繁多，在采集之前，必须先规范数据类型，制定统一的数据标准。

第四，专业群信息采集遵循应用驱动原则。专业群信息必须是来源于日常管理，以专业分析、诊断和解决专业建设中的问题为出发点。采集的专业信息以及各专业建设过程动态数据和状态数据必须能全面地刻画群内各专业，而各专业信息的整合能全面地刻画专业群，能反映各专业群之间的外在关联和内在关联。

第五，专业群信息采集遵循实时性原则。专业群信息采集也是专业建设动态数据的采集，有些是通过源头人实时录入的，而更多的是在对接各项业务时系统对业务数据的实时同步。

二、专业群信息共建共享机制是提高高水平专业群管理水平的核心

专业群信息的共建共享，是以提高专业建设与管理水平为目标的资源整合利用。因此，必须运用系统思维和创新理念，采集专业群各类资源与数据，建立专业群信息共建共享机制，提高专业群建设的管理水平，助力校内、校外资源的有效整合，利用专业群的资源集聚效应，实现专业资源利用率的最大化，并且显著提高专业群建设水平和质量。

（一）专业群资源共建共享机制

专业群资源包括课室、实训基地等教学设施资源和师资资源。高职教育是一类高成本的教育，一方面，教学设施、师资等投入巨大；另一方面，专业的

过度分散、专业资源的单独分割、专业建设资金的各自使用，以及专业的不断调整变化，都会造成专业资源被闲置和浪费、使用率低等情况，从而增加高职教育的成本。

由于专业的相关性，高职院校专业群内的专业有共同的行业基础或行业背景，有共同的课程平台，有共同的实验实训基础设施，有共同的师资队伍等，因此需要利用大数据思维，有效整合群内各专业资源，形成教师教学团队、实验实训共享服务平台等资源池，利用大数据技术，实施专业群资源有效配置，发挥专业群资源的最大效益。

首先，要将原有的、分散的校内实训基地与由合作单位、社会机构提供的实践教学及培训服务平台等实训资源，整合为具有综合功能的生产性实习实训基地，从而形成各专业群内教学设施资源共建共享的协调合作机制。

其次，要聚集群内专业的校内师资和合作企业的兼职教师资源，群内各专业的教师在业务和能力上的互补有利于教师团队的建设，专业群产生的人才集群效应则有利于形成专业间的人才共享机制和联动机制。

（二）教学资源共建共享机制

随着教育信息化的应用，信息化教学不断深入。近年来，高职院校投入大量经费打造专业教学资源库，推动优质专业教学资源共建共享，提高专业教学资源利用率。但就各高职院校专业教学资源库的使用情况来看，共享性差、利用率低是普遍问题，主要有以下三个原因：

第一，高职院校对专业教学资源库建设的认识存在误区，没有从学习者的角度考虑，而是追求全而多，注重教学资源的数量和形式，忽视了资源建设的质量。对于图像、音频、视频、动画、文本、虚拟实训室、仿真资源等非结构性资源，出现了堆叠现象，未经整理与归类，难以实现教学资源的数字化，资源共享实现起来很难。

第二，各学校、各专业共建共享机制不健全，各自为政，资源建设者往往只考虑本学校、本专业的特点和教学要求，忽视了专业资源的共享性，由于专业资源缺乏更新机制，因而专业资源库应用基本处于停滞状态。

第三，目前，专业教学资源库的教学资源主要是由 PowerPoint 课件（简称 PPT）、文本资源、微课、案例和素材等组成的，由于 VR（Virtual Reality，虚拟现实技术）虚拟实训室、虚拟工厂、虚拟车间等展现技能训练的 VR 实景资源难以数字化，因而有关实践教学、技能训练的仿真类教学资源匮乏、共享度较低。

为提高专业群教学资源的利用率，充分发挥资源应用效能，专业群资源建设应遵循以下原则：

第一，建立协同共建机制，提高专业群资源利用率。

首先，高职院校要以系统、协作思维，制定专业群建设标准、专业群课程体系和课程开发标准、课程资源开发标准，以及素材采集与分类标准等。

其次，专业群内的各专业应以标准为基础，围绕核心专业，协同开展专业群教学资源和课程资源的建设。

最后，要在专业群以外建立专业教学资源库建设联盟制度，充分发挥联建专业群、院校与联建企业的作用，集聚联盟单位的优质资源，实现共建共享。

第二，建立持续更新机制，保障专业教学资源库的可持续发展。高职院校为专业教学资源库建立动态更新机制，实行专业群教学资源责任主体全员参与的机制，充分发挥专业教学资源库共建单位、合作企业、专业师生等资源建设者和资源用户的潜能，在日常专业教学过程中同步更新资源库资源，确保专业教学资源持续更新，满足教学需求和技术发展的需要。

（三）专业群信息共建共享机制

高职院校要想建立专业群信息共享库，为专业群数字化管理提供数据支撑，就要将专业群各类数据、资源、文件等都实现数字化。

一是将各专业建设或管理以及相关业务系统中有关专业群方面的数据，通过清洗转换进入专业群信息库。

二是将专业群建设过程产生的各类过程数据都记录下来，转存到专业信息库中。

三是将专业群各类非结构数据，如专业资源、专业教学资源等，以索引表的方式，转化为结构化数据，存储到专业群信息库中。

三、专业群诊改应用是高水平专业群管理水平的体现

《高等职业院校内部质量保证体系诊断与改进指导方案（试行）》（教职成司函〔2015〕168号）提出，以诊断与改进为手段，促使高职院校在学校、专业、课程、教师和学生等不同层面，建立起完整且相对独立的自我质量保证机制。专业是高职院校的使命与价值，其他四个层面都为专业服务，因此高职院校的诊断与改进工作的核心就是专业的诊改。当前，各高职院校在实施专业诊改的过程中，需要借助校本数据系统，采集学校、专业、课程、教师和学生的数据，借助信息化监控及预警平台，实现常态化的周期性自主诊改。

专业诊改的目标是提升专业质量，而专业群诊改的目标是管理好专业群建设的各个环节、各个阶段，以及专业群各类资源，最优化配置群内的专业资源，实现专业群建设效益的最大化。专业群建设管理是一个系统工程，必须依托信息化平台、大数据技术等来实现，实施专业群诊改的前提是通过职业能力分析、专业建设管理、课程教学、专业资源建设等平台，采集专业群建设全过程数据，利用大数据技术，开展专业数据智能分析、专业教学质量监控与评价，为专业群建设提供决策支撑，促进专业群高质量发展。

专业群诊改建设要遵循以下原则：

第一，专业群管理必须贯穿专业群建设全过程，必须能采集专业群建设全过程数据，并能有效组织与管理数据，为各类应用提供数据支撑。

第二，专业群管理必须立足专业群诊改的目标和内容，以提升专业群建设质量为目标，发挥专业资源的聚集效应。

第三，专业群管理必须借助大数据技术。

一是能分析专业群组建与产业链的匹配度、人才培养与产业需求的精准对

接度、学生成长的达成度等。

二是能分析专业群与学校整体战略目标的兼容性，专业群与内、外部对学生的需求相关性，专业群教学资源的可用性，专业群对学生的吸引力，专业群资源效益性等。

三是能进行专业群数据智能分析、专业群教学质量监控与评价，为专业群建设提供决策支撑。

第四节 基于大数据应用的高水平专业群管理体系构建

高职院校的专业群建设是一个系统性工程，涉及的专业领域较多，需要不同部门之间的高度协作；涉及的数据、资源繁多，需要规划资源，以实现专业资源的共建共享；涉及环节、过程比较复杂，需要有效监控各建设环节，以提升专业群建设质量。因此，要想有效管理专业群建设，必须依托信息化平台，运用大数据思维，构建专业群管理体系，包括专业群建设的三个环节，即专业群组建、专业群建设管理和专业群诊改，以实现专业群组建和资源的动态调整、自我诊断和自我完善。

一、专业群组建体系构建

专业群建设是多个相近专业的有效聚集，服务于产业集群，满足产业集群发展对人才需求的变化。高职院校要科学组建专业群，发挥专业群集聚效应，就必须先明晰专业群的组建逻辑，包括产业链逻辑、职业岗位群逻辑和专业知识逻辑等，而师生发展逻辑贯穿于各个逻辑之中。

（一）产业链逻辑

产业链逻辑指的是围绕与核心专业对应的产业链，利用大数据技术，分析产业结构、产业空间布局和产业链条与各专业的关联度，依据关联度，确定专业的组合。

（二）职业岗位群逻辑

职业岗位群逻辑是指采用网络爬虫技术，获取与专业群相关的产业领域的企业招聘信息及企业需求，构建企业需求的"全样本"大数据，应用大数据挖掘手段，详细分析大数据领域涉及的岗位、岗位工作内容和技术技能要求，构建专业群培养定位和职业岗位群，从而确定专业的组合。

（三）专业知识逻辑

专业知识链是专业关系的核心，是专业群组建的内部逻辑，组建专业群其实就是组建专业群知识体系，专业群只是知识链的载体，高职院校往往通过分析专业知识的相关性和内在关联性，构建专业群的课程体系。

二、专业群建设管理体系构建

专业群建设管理是对专业建设全过程的管理，专业群建设管理的目标有三个，具体内容如下：

一是开展专业群职业能力分析，精准对接产业群。

二是合理配置专业群资源，提高专业群资源的利用率。

三是采集专业群建设过程产生的各类数据、资料、文档，并有效组织管理，为专业群建设提供数据支撑。

专业群建设管理主要包括专业群职业分析、专业群数据采集与管理、专业群资源建设与管理、专业群教学资源建设与管理、课程教学管理、专业群项目建设与管理、校企合作，以及专业群成果管理等。管理体系构建基于专业群大数据中心，建立课程、师资、教学资源、实训资源、专业项目和专业成果等专业资源子库，通过专业群职业能力分析平台、专业群建设管理平台、课程教学平台、项目科研管理平台等，实施专业群日常建设管理。

三、专业群诊改体系构建

专业群诊改体系的构建过程如下：首先，借助职业能力分析、专业建设管理、课程教学平台，以及各类业务管理系统，采用静态采集与实时采集相结合的方式，形成专业群教学资源库、专业群设施资源库和专业群师资库；然后，依托这三个资源库，以教师发展、学生成长为目标，进行诊断与改进，设置预警值及预警机制，实现专业群动态调整和专业群资源的优化配置。

专业群诊改体系逻辑结构如图4-1所示。

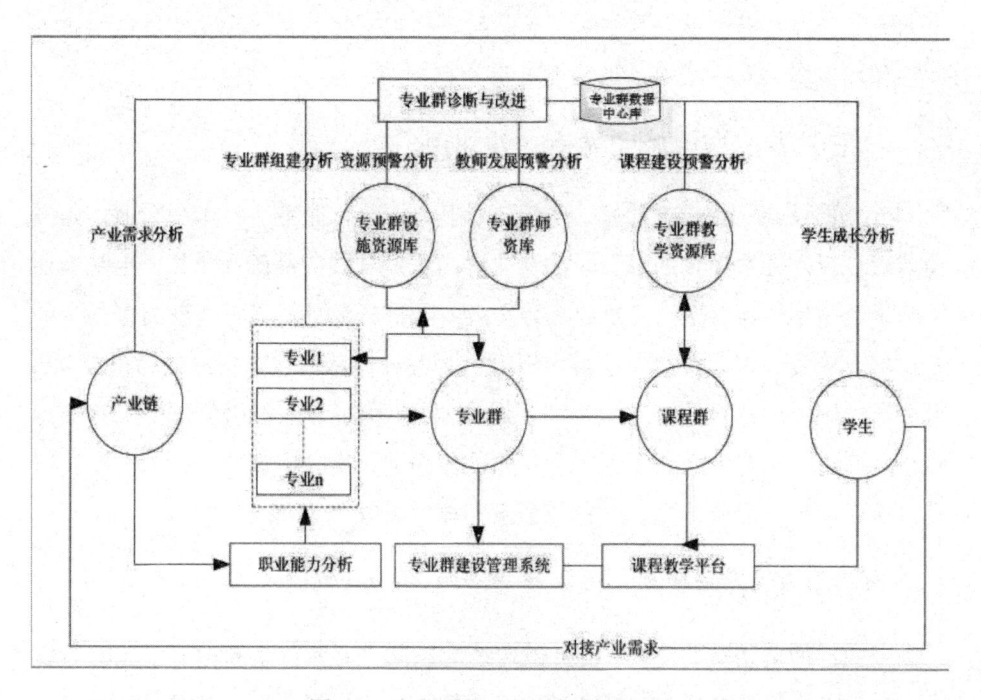

图4-1　专业群诊改体系逻辑结构图

（一）专业群数据中心库构建思路

在专业群建设与管理过程中，采集、处理和产生的各类专业相关数据，都将整合并存储于专业群数据中心库，由于专业群数据中心对接学校数据中心，因而其他各业务系统有关专业建设方面的业务数据，都直接通过学校数据中心同步传到专业群数据中心库，专业群数据中心库再将数据自动对接到学校的高基平台、师资平台、状态数据平台。通过对专业群数据中心的专业大数据进行分析，对专业群状态实行数据监测、挖掘分析，并进行科学预警和决策，能够进一步提升专业群建设精细化、智能化管理水平。

（二）专业群教学资源库构建思路

专业群教学资源库的构建思路为，首先，以核心专业教学资源库为基础，整合各专业教学资源库；然后，建设专业群教学资源库，将数字图书资源、外部云教学资源，以及各类教学案例、素材进行数字化构造，与专业群教学资源库的相应资源关联；最终，形成专业群资源图谱。

（三）专业群设施资源库构建思路

专业群设施资源包括课室、实验实训基地、合作企业、技术平台等，是专业群建设投入经费最大的部分，是专业群高质量发展的基础和前提，也是专业群建设的基本要素。高职院校要充分整合专业群资源各要素，建设高度共享的专业群设施资源库，实现专业群内资源优势互补，从而发挥资源效益最大化。专业群设施资源建设要以实验实训基地为依托，围绕专业群岗位技能实施资源整合，打造专业群生产性实训平台，将合作企业、实验实训室、技术平台，以及传统课室等资源进行整合，进而服务于学生的技能训练。

（四）专业群师资库构建思路

专业群师资团队的建设，要打破传统的以同类专业背景的教师组建的教研室、专业团队等组织形式，打造以项目为载体的项目组，项目组成员将是跨专业、跨行业的不同教师组合，成员之间优势互补，实现专业群师资队伍建设的协同效应。

专业群项目组由课程建设项目组、教学资源建设项目组、实习实训基地建设项目组、科研项目研究项目组、实训项目指导项目组和招生就业项目组等组成，一般按专业群资源建设内容进行分类和确定，项目组成员以具备专项任务的专业人员为主，兼顾其他人才，推动项目和业务以及教师的全面发展。

第五章 大数据背景下高职院校专业群课程体系构建

第一节 信息技术下高职院校专业群课程体系构建

近年来，我国高等职业教育迅速发展，整体办学水平不断提升。如何进一步提升其核心竞争能力，促使其能够在我国教育领域中健康发展，是各高职院校和专业教师要重点思考的问题。专业群课程是近年提出的新型课程设置形式，做好专业群课程体系构建，可以促使学生在专业课程的学习过程中逐渐养成良好的综合素养、掌握更好的专业技能，拓展学生的专业知识体系，强化学生的职业生涯适应能力，从而体现高职院校的办学特色。

一、高职院校专业群课程体系解读

在 2006 发布年的《教育部、财政部关于实施国家示范性高等职业院校建设计划加快高等职业教育改革与发展的意见》文件中，"专业群课程体系"的概念被首次提出，学者们纷纷作出解读。有学者认为，专业群课程体系主要就是指围绕某一个或者多个专业，并由与之相关或相同的专业课程所共同构成的一系列课程的组合，课程体系内的课程可以是基础理论知识课程，可以是技术技能训练课程，也可以是能力素养培养课程。关于"专业"，可以是不同专业体系中的专业课程，也可以是具有关联但不同方向的专业，或者是面对企业的岗位专业群，这些课程均能在一个教学体系中完成实践教学。由此可见，专业群基本可以理解为，由多个专业、课程共同构成的，具有先进办学理念的，产教学相结合的，具有较高就业率的专业集群。

通过对现阶段一些高职院校专业群建设情况的分析可知，很多高职院校将专业群建设为较大规模的教学板块，将多个课程集合到一起，且会对不同类型的课程进行分类整合，演化成全新的专业，再将与"新专业"有联系的课程融入进来，建立专业群课程体系。与此同时，一些高职院校会根据课程教学需求，重新组合和配置师资力量、实训基地、教学资源与考评机制等。

可以说，高职院校专业群课程体系的构建水平直接体现了院校的实际办学水平。因此，进一步引进信息技术，优化高职院校专业群课程体系，是推动高职院校健康发展的重要举措。

二、新一代信息技术下的高职院校专业群课程体系构建策略

（一）构建信息化教学资源，实现专业群课程资源共享

在新一代信息技术下构建高职院校专业群课程体系，高职院校应充分利用信息技术的应用优势，把握大量的教学信息资源，引进共享机制，构建专业群课程的教学资源、学习资源共享机制。

在实际的构建中，高职院校科可以从以下两个方面入手：

一方面，高职院校要结合专业群课程体系的构建方向，明确专业群定位，例如信息技术专业群、软件工程专业群和现代科技专业群等，将各个专业的基础课程、核心课程与实训课程融入课程体系，利用信息技术构建数字化学习空间。简而言之，就是将专业群课程信息化，促使学生能够通过登录校园网站获取专业群课程资源，突破原本课程的时间与空间限制，全方位、立体化地展示

专业群课程的学习规则、教材样本、教学课件、教学方案、教学视频与职业发展规范等资源，为学生自主选择课程、自主寻找学习资源提供有力支持。

另一方面，高职院校可以在校企联合、校地联合的基础上进一步引进信息技术，将校园网中的专业群课程平台与社会企业的管理网络相连接，构建符合社会企业实际岗位需求的专业群课程教学平台，及时更新平台上的课程内容，促使学生能够第一时间接触社会企业的前沿技术与理念，保障学生的社会岗位适应能力与职业发展能力。

此外，高职院校还可以引进大量的物联网技术、虚拟现实技术，配置相应设备及训练基地，为学生设置模拟实训课程，促使学生能够通过计算机等设备自主学习，模拟完成各类课程任务，从而锻炼学生的实践能力与技能操作能力，还可以让学生直观感受工作氛围与环境，进一步提升学生的岗位适应能力，提高高职院校的办学水平。

（二）搭建三层课程体系，凸显专业群核心课程

在新一代信息技术下构建高职院校专业群课程体系，要想充分发挥信息技术的应用优势，就不能够简单地将信息技术运用于专业群课程的构建中，而是要将信息技术与专业群建设需求结合起来，进一步推行"三层机制"，以此构建结构分明、层次清晰、多元立体的高职院校专业群共享课程体系。

专业课程可以分为"底层""中层""高层"，"底层"是专业公共课程，"中层"是专业模块课程，"高层"是专业拓展课程。"底层"就是将几个相关专业或专业群的专业公共课程统一共享，处于课程体系最底部，也是基层的，负责对接专业、职业标准，能够培养学生专业基础能力。"中层"负责对岗位技能进行分块，形成专业技能模块课程，处于课程体系中部，属于中央部位，根据专业分立原则对接职业标准和职业工作过程，能够培养学生专业核心能力和综合能力。"高层"则进行专业能力或者素质的拓展，处于课程体系高层部分，能够帮助学生实现跨专业的课程互选，培养学生的专业拓展能力。

在"底层"的课程体系构建中，要关注各专业学生的基本素养、专业基础

知识和技能打底。例如，电子信息类的应用电子技术、通信技术和物联网应用技术三个专业构建了电路基础、电子技术、计算机网络基础、程序设计基础（C语言和电工电子工艺实训等底层平台课程，其目的是培养学生具备电子技术的基础知识和技能、网络知识和一定的编程能力；计算机类的软件技术、云计算技术与应用和计算机应用技术三个专业构建了计算机网络基础、网页设计基础、数据库基础与应用、程序设计基础和 Linux 操作系统基础等底层平台课程，目的是培养学生具备计算机相关基础知识和技术技能。

在"中层"的课程体系构建中，要专注于专业群课程的融入与配置，结合专业群的培养目标与岗位方向，紧紧围绕岗位工作选择核心课程，且引进"理实一体化"的教学理念，通过分配学习任务、完成学习任务、形成良好技能的结构，体现专业群核心课程与专业基础课程的区别。例如，物联网应用技术专业的模块课程根据物联网三层结构建立了数据采集模块、组网模块和软件模块，再根据这三个模块与岗位技能构建了对应的课程。在参与核心课程的过程中，学生将逐渐养成良好的物联网软件工程综合素养与专业能力，形成良好的实践操作与创新创造能力。

在"高层"的课程体系构建中，要结合核心课程进行选择，尽可能地融入一些交叉学科的课程，或者是专业学科的拓展课程。结合物联网专业群相关情况，若按照交叉课程选择，则可以选择一些手机 APP 制作与开发、虚拟现实技术研究等课程进行学习，以此巩固、提升学生的专业能力，培养学生的跨岗位就业能力，为社会培养出更多的复合型人才。

（三）优化职业人才培养方案，构建专业群课程实践支撑体系

在新一代信息技术下构建高职院校专业群课程体系，高职院校要进一步优化职业人才培养方案，及时转变与调整教师的教学观念和教学方法，从而形成符合专业群课程体系构建需求与发展要求的教学框架，为开展专业群课程实践活动提供有力支撑。

一方面，高职院校要根据专业群课程的建设，充分发挥新一代信息技术下

的大数据技术优势，通过互联网向社会发放市场调研表，全面调查专业群相关专业的就业情况、岗位设置情况、人才素养与能力要求、市场更新情况、发展趋势等，大量搜集数据资料，并通过"爬虫""可视化"的形式直观展示出来，以此分析出专业群课程体系下的人才培养需求，进一步明确人才培养目标，确定学生未来可能从事的职业与岗位，分析岗位工作内容并将其汇总成工作任务包。之后，院校可以利用校园网与专业群课程体系平台，将这些任务包分享出来，促使学生不断完成任务包、锻炼自身专业能力，实现教学计划与岗位能力相结合，落实产教结合目标，培养高素质技术技能型人才。

另一方面，高职院校要掌握和发挥新一代信息技术的优势，积极转变教学管理模式，认识到原来"学院—院系—教研室"这种模式的不足之处，进一步提出"学院—院系—专业群教研小组—专业群课程教师"模式，融入"线上+线下"混合管理的方法，制订不同的教学计划，全面整合课程教学资源、教材内容与师资力量，实现线上、线下混合的专业群课程教学管理体系。在这一过程中，高职院校还可以结合信息技术优势，根据学生反馈的未来规划方向、学习意愿与发展需求等，制定不同类别、方向的教学管理方案，实现对院校学生的分层管理、分级教学、分类培养。另外，高职院校还应该开发与拓展其他平台课程，实施"弹性学分制"，让使学生有更多的学习内容进行选择。

（四）构建专业群课程保障机制，凸显课程体系建设与应用优势

在新一代信息技术下构建高职院校专业群课程体系，高职院校要认识到保障机制的重要性，在构建健全的专业群课程体系之后，充分发挥"信息技术""产教结合""教学管理"等理念的实用价值，构建"三位一体"的专业群课程体系保障机制，为开展专业群课程教育活动提供有力支持。

一方面，要充分利用信息技术，将信息技术融入专业群的课程体系构建中，将企业技术作为课程构建的重点，搭建校园与企业之间的信息化沟通平台，从而引入企业资源，以此优化专业课程教学设计、教学评价与教学实施，实现高职院校专业群课程的数字化转化。与此同时，高职院校可以将信息技术作为基

础设施建设的主要内容，大力开发校园内的虚拟现实工厂、项目教学基地、虚拟车间等，为学生提供充足的自主探索空间与实训环境。

另一方面，要充分发挥教师管理与教学管理的优势。在教师管理中，结合"产教结合"理念，大力建设"双师型"教师队伍，既要不断提升高职院校教师的专业素养，又要大力引进地区、企业的一线技术人员，为学生提供不同的教学服务，促使学生既能够储备丰富的理论知识，又能够掌握一线技术。

在教学管理中，高职院校要认识到信息技术专业群课程体系的不同管理需求，建立以"企业—学校—部门—院系—年级—班级"为结构的专业群课程建设与维护小组，从而定期更新专业群的课程结构，提高课程教育教学的水平。

（五）基于岗位职业能力的专业群课程体系开发与实施

高职院校专业群建设是专业建设的"升级版"，不是简单地进行专业的"物理组合"，而是在"群"的统领下，实现专业间的"化学融合"，促使资源配备和教学组织的系统优化乃至重构。高水平专业群建设是优质院校建设项目的重要内容，构建专业课程体系是专业建设的基础。例如，四川水利职业技术学院紧跟行业企业用人标准，结合学校实际，科学确立人才培养目标、构建基于岗位职业能力的专业群课程体系，合理配置保障条件，建设课程教学资源，创造性地形成了一套可操作、可复制的专业群课程体系开发的方法和路径。

二、高职院校专业群课程体系开发存在的问题

高职院校专业群课程体系的构建，经历了几个重要发展阶段。最初，对于刚设置的课程体系来说，多半呈现"本科压缩版，中职扩充版"的面貌；后来，各高职院校开始按照各级示范建设的要求，对课程体系进行了改革，强调"走出去"，面向区域经济与社会发展的市场需求，突出新形势下"产教融合，工学结合"的人才培养模式，重构与行业、企业、职业标准接轨、满足技术领域

和岗位职业群能力要求的课程；这之后的几年，则强调在前期改革的基础上，对课程体系进行整体优化，构建系统的基础知识培养体系、动手能力培养体系、面向职业的专业课程体系和面向人的全面发展的基础课程体系。

但在发展的过程中，高职院校专业群课程体系的构建存在以下问题：

（一）课程体系构建具有一定随意性

在专业群课程体系构建的过程中，很多院校都进行了大规模的企业、市场调研，了解了行业、职业岗位和用人单位人才需求规格，并且对与专业对应的行业及岗位工作任务、任职资格等进行了认真的分析，因此课程体系中出现了一些非常有针对性的应用型课程。这期间也出现了一些问题，例如，只要是原来课程体系中的课程名称含有"基础""原理""学"等字眼的，就一律不开，如果确有需要开设的，也要改名，换成诸如"××实用教程""××技术与应用"之类的名称，但往往只是"换汤不换药"。

（二）强调职业岗位分析，但缺乏对职业岗位层级的认识

由社会调研可知，一个专业所对应的工作岗位有多个，但工作岗位之间有一定的层级，不同层级的工作岗位对从业者的知识、能力和素质要求是不一样的。在构建专业群课程体系时，往往忽略了岗位的层级对任职资格、知识结构和工作能力的要求，出现越是面面俱到，其基础知识和基本技能训练就越是不够、掌握就越是不牢固的现象，而高层次知识和能力就只能如浮光掠影、空中楼阁。"胡子眉毛一把抓"，反而越抓不住重点。

（三）强调能力的培养，却忽视能力培养的一般规律

从职业的角度来看，能力是个体能够将某一领域相关的技能和知识应用到这一领域所有情形中的程度。从高职院校专业群的课程体系编制中分析出来，需要掌握的能力很多，强调了每种能力的训练，忽视了能力培养的一般规律，如内化、适当重复、重复中的深入和能力主体的自省顿悟等，总之就是自主学

习能力的培养；强调专业能力，却往往忽视专业能力与一般能力的融合贯通。高职院校课程体系改革的整体思路和做法有一定的科学性，但在具体实践中，对工作原则和编制指南的解释还不够，所给的样式主要是国外高职教育，尤其是工科类的专业人才培养方案，缺乏国内高职院校专业群课程体系构建应具有的特色。

（四）各专业单打独斗，专业群融合程度不高

高职院校专业课程体系，特别是专业群课程体系的构建，往往具有跨领域的特点。而现阶段，高职院校课程体系更多的是以专业为单位进行构建的，缺乏专业间的互通，再加上教师跨学科理论知识的缺乏，也就无法形成专业群及其各专业互通的课程，这在强调融合"云、物、移、大、智"的当下，明显是不合时宜的。

三、基于职业能力分析的专业群课程体系开发理论

专业群课程体系开发设定了规范的建设步骤，以保证建设的标准性、实用性、客观性和完整性，专业群课程体系主要是在专业课程体系开发的基础上，进行归纳和总结，然后通过一系列活动的开展来完成的，其主要流程如图5-1所示。

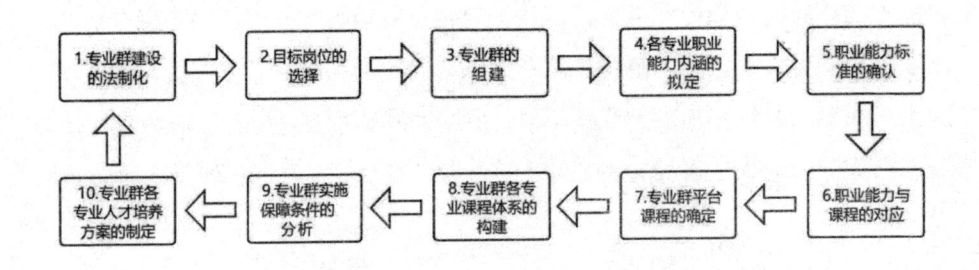

图 5-1 专业群课程体系活动流程图

（一）专业群建设的法制化制定

为保证专业群课程开发的法制化，课程的制定不因人设事，应凝聚教师团队的共识，由各专业组建课程委员会，并制定课程委员会章程。课程委员会由单数教师组成，专业带头人担任委员并担任课程委员会主席，其余委员由全体专业教师投票产生，如遇票数相同，可采用抽签方式确定，并为每位当选委员发放聘书。专业群也要成立课程委员会，系主任与各专业带头人自动进入，并在各专业内部推选一名教师代表进入专业群课程委员会，也可以选择部分企业专家和毕业生代表加入。课程委员会章程由全体课程委员审议通过，委员会负责课程规划及其相关事项的审议，委员会议由专业主席视实际需要召开，应有半数以上（含）委员出席，决议事项应有半数以上（含）出席委员同意。委员会章程应由系主任、教务处长及教学院长核定后实施。

视实际需要，可调整委员会的人员和数量，委员会只有实质运作起来，才会使课程体系建设逐渐步上正轨，教师加入委员会，既是荣誉，又是责任。

（二）目标岗位的选择

选择目标岗位，就是在确定专业的发展方向。在此过程中，高职院校要通过调研毕业生的工作岗位和在校生的期望岗位，了解企业和学生的需求；要明确教师的期望岗位，寻求全体教师的共识；要了解新兴岗位，洞悉专业前景；可通过课程委员会确定排名比较靠前的2~4个目标岗位，然后汇总成表格。

（三）专业群的组建

高职院校应当整理、汇总各专业就业岗位数据，统计分析各专业毕业生就业岗位重合度情况，选择重合度较高的岗位，作为专业群目标岗位，再根据岗位相同或相关情况，确定专业群所含的专业，对于岗位相关性较小的专业，则应剔除专业群，从而正式组建专业群。例如，水利水电建筑工程、水利水电工程技术、水利工程和水利工程管理专业所对应的岗位主要为施工员、资料员和设计员等，而水文与水资源工程专业所对应的岗位主要为水文信息采集和水文分析计算，因此应将水文与水资源工程专业剔除水利工程专业群。

（四）各专业职业能力内涵的拟定

职业能力包括知识、技能和态度，在确定工作岗位对应的工作任务以及完成各项工作任务所需要的具体工作的同时，也要确定所有工作所需要的对应的知识、技能和态度。在确定工作任务时，教师可先根据经验列出各岗位的工作任务，制作出职业能力访谈记录表；然后，选择大、中、小规模的各级单位，分别与在相应目标岗位有3～5年工作经历的技术专家进行面对面交流，仔细倾听、记录专家的意见，以保证职业能力确定过程的可靠性；最后，教师根据专家对职业能力的理解，对职业能力访谈记录表进行补充、修改与完善，形成本专业的职业能力汇总表。

（五）职业能力标准的确认

由于各单位专家的表述不同，会出现有关职业能力讨论重复较多或用语不规范的情况，因而教师要对职业能力进行重组、确认。也就是说，教师要以简明扼要的词语概括每项职业能力，避免同一项职业能力使用不同的词语，尽可能保留语句中的名词和动词，删除不必要的形容词和副词，适当归纳不同范围层次的名词和动词。然后，将重组后的职业能力制作成调研问卷，并对每条职业能力以重要程度和使用频率进行划分，各划分出五个等级（1～5分）制作问卷，问卷设计力求精简。

教师负责将制作好的调查问卷发放到与本专业相关的各单位，为保证数据的可靠性，依据每个工作岗位至少发放 20 份问卷的要求，涵盖大、中、小单位，每单位不超过 100 份，并向从事专业技术岗位的人员发放。为提高工作效率，也可事先与相关单位联系，由专人负责分发与传回调查问卷。

在回收问卷后，首先，需要进行合理的处理，将草率填答、S 型填答、直线填答和未填答数量较多的问卷剔除，主要对合格问卷进行分析，整理出答卷人的基本资料，把各项职业能力得分输入 Excel 表格，每项职业能力得分的平均数即为其对应的重要程度和使用频率分数。然后，将知识、技能、态度分别按其重要程度和使用频率从高到低进行排序，则为职业能力的职场需求指标。最后，通过汇总和分析各专业职业能力的职场需求指标，拟定专业群职业能力标准。

（六）职业能力与课程的对应

将排好序的职业能力与现有课程体系中的课程进行对应，一种能力可能对应多门课程，一门课程也可能对应多种能力，不同类型的能力可能对应一门课程，根据由使用频率和重要程度确定的职业能力内涵的分量，决定课程的扩充、增加、删除或缩减，以及每门课程的学分数。遵循由浅入深、由易到难的学习规律，列举基于学习逻辑必备的课程及选修的课程，形成职业能力与课程的对应矩阵。将所设课程以学生学习能力为内容制定课程检核表，确保所设课程要求不超过学生的学习能力。

（七）专业群平台课程的确定

高职院校的教师要根据专业群职业能力标准，进一步优化职业能力对应课程，确定专业群平台课程，并分析各平台课程的关键内涵。例如"水力学"这门课程，是水利水电建筑工程专业、水利工程专业和水利水电工程技术专业都必须修学的，但各专业所修内容的深度和广度不同，可将该课程划分为作为专业群平台课程的"水力学一"和作为专业方向课程的"水力学二"。

（八）专业群各专业课程体系的构建

专业群各课程确立后，高职院校教师应根据由易而难的认知规律，排列课程的优先顺序；按照职业能力内涵的重要程度和使用频率，调整必修与选修课程；评估学生的学习能力，决定课程学分；以毕业要求学分减去公共课程学分所得，作为专业课程的学分数，并要求专业课程的实践学时不低于理论学时，最终制定出专业课程地图与教学进程表。专业群的课程体系构建则将群内各专业相同的课程作为共享平台课程，对于相近的课程，在不同专业中分不同学期开设。

（九）专业群实施保障条件的分析

为确保专业群的各项活动能够顺利实施，高职院校应制定严格的专业群建设评价与监督体系。例如，高职院校可以对专业群内各课程教师进行定期考核，重点关注教师如何处理专业群内各课程之间的关系；考查高职院校专业群与当地产业、企业的合作程度，不局限于校内考查，而应深入企业，进行多方面调研；重视学生实践能力的提高，在期末考查时，提高学生实践活动的评分占比等。总而言之，保障专业群顺利实施，建立专业群建设评价与监督体系是必要的手段之一。

（十）专业群各专业人才培养方案的制定

完成全部开发步骤之后，可以进行各专业人才培养方案的撰写，包括学制、培养对象、培养目标、培养规格、毕业要求、课程规划、课程实施和保障条件等内容。

第二节 高职院校专业群通用模块化课程体系构建

一、高职院校专业群通用模块化课程体系的构建思路

高职院校专业群通用模块化课程体系的构建起始于专业群内各专业的就业岗位群分析，在此基础上整合原有的专业课程，组合为多个岗位课程模块，结合专业的就业特点，将各专业的主要培养目标限定为三个主要职业岗位。为了提高学生的竞争力，有些高职院校增加了职业拓展和职业提升课程模块，结合公共课程模块和专业基础课程模块，形成了完善的专业群通用课程体系架构，并应用于专业群内的各个专业。

（一）整合骨干专业现有课程资源，引入企业课程资源，建立岗位课程模块

在专业群建设之初，高职院校依据就业岗位需求和现有课程资源，调整和组合专业课程，形成了多个职业岗位课程模块。例如，旅游管理专业和酒店管理专业是一些高职院校的骨干专业，其中，旅游管理专业建立了导游岗位课程模块、旅行社管理与旅游电子商务课程模块和部分旅游职业拓展模块课程；酒店管理专业建立了中西餐服务与餐厅管理模块、中西式客房服务与管理模块、前厅服务与管理模块和酒店方向的旅游职业拓展模块课程。除此之外，国际邮轮乘务管理专业作为校企合作的新建专业，由合作企业提供了中西餐知识与制作模块和部分旅游职业拓展模块课程。职业拓展课程模块包含企业管理、旅游文化、企业文化、旅游学科发展等方向的课程，但由于目前专业群可提供的拓展课程有限，职业拓展模块由专业群共享平台课程组成。

（二）构建"双基础、多模块、分层次"的专业群通用课程体系

"双基础"指"公共基础+职业基础"；"多模块"指专业群的多个职业岗位课程模块。在专业群通用课程体系中，每个专业应由包含职业基础课程模块在内的六个专业模块组成；"分层次"是根据学生学习过程和职业养成的规律而确定的课程安排顺序。

高职院校专业群内各专业在培养期内，专业模块一至四为职业岗位课程模块，也是专业核心课程模块，并且是必修和限选模块，而专业模块五为任选模块。学生除了三门必修的职业岗位课程模块外，还需要结合企业需求和自身发展选择部分课程，构成职业拓展岗位课程模块和职业提升模块。其中，职业岗位拓展模块包括调酒服务、咖啡服务、茶艺服务、摄影、出入境领队等可选课程，学生可根据未来发展需要，任选两门课程组成职业拓展模块；职业提升模块主要包括管理学原理、营销学原理、旅游会计、饭店会计、饭店管理概论、中国饮食文化和旅游文化等课程，学生可任选两门课程组成职业提升课程模块。职业基础课程模块为必修模块，包含普通话、旅游英语、旅游交际礼仪和旅游服务心理学等课程。

（三）通用模块化课程体系的应用与弹性操作原则

在利用专业群通用模块化课程体系制订不同专业的教学计划时，应当注意以下两点：

第一，因受高职教育学制所限，每个课程模块应当不超过四门课程，对于人才培养方案中的专业课程，应为二十门课程左右。

第二，对于不同专业的相同课程模块，在具体实施时，可以根据培养目标需求的差异，适当调整课程学时和内容，也可以进行不同模块的弹性组合。

二、高职院校专业群通用模块化课程体系的建设策略

以高职院校旅游管理专业群为例，该专业群中，旅游管理专业、酒店管理专业、餐饮管理与服务专业是原有专业，而会展服务与管理专业和国际邮轮乘务管理专业是新建专业。在建设之初，新建专业主要依靠原有专业的师资与课程资源，因此国际邮轮乘务管理专业的课程体系是由原有专业的课程资源和专业群通用课程体系架构衍生而来的。

（一）群内各专业根据人才培养目标，选择职业岗位课程模块

以高职院校中旅游管理专业群为例，在进行各专业人才培养目标分析与确定目标岗位群的基础上，将前期建立的三个专业的核心专业课程体系具体调整如下：

第一，旅游管理专业的职业岗位课程模块包含导游岗位课程模块、旅行社管理与旅游电子商务课程模块、酒店服务组合模块和旅游职业拓展岗位模块。

第二，酒店管理专业的职业岗位课程模块包含中西餐厅服务与管理课程模块、客房服务与管理模块、前厅服务与管理模块和旅游职业拓展岗位模块。

第三，餐饮管理与服务专业的职业岗位课程模块包含中西餐厅服务与管理课程模块、中西餐知识与制作模块、前厅服务与管理模块和旅游职业拓展岗位模块。

对于后期建立的两个专业的岗位课程模块，在适当添加合作企业课程模块的前提下，由原有专业的课程模块弹性组合而来，具体构建如下：

第一，国际邮轮乘务管理专业的职业岗位课程模块由中西餐厅服务与管理课程模块和中西餐知识与制作模块（企业）的组合模块、前厅与客房组合模块、导游岗位课程模块和旅游职业拓展岗位模块构成。

第二，会展专业的专业课程体系由导游岗位模块、前厅与客房组合模块、物业与会展模块（企业）和旅游职业拓展岗位模块构成。

（二）重新构建群内各专业课程体系

部分高职院校根据专业群通用课程体系的架构和原则，重新建立专业模块化课程体系。以酒店管理专业为例，其专业模块化课程体系包括如下：

第一，对于酒店第一职业岗位课程模块为中西餐厅服务与管理课程模块的，由中餐服务实训、西餐服务实训、餐厅管理与菜单设计，以及营养与食品卫生课程组成。

第二，对于酒店第二职业岗位课程模块为客房服务与管理模块的，由中、西式客房服务实训、客房服务与管理，房务中心与客房部督导管理课程组成。

第三，对于酒店第三职业岗位课程模块为前厅服务与管理模块的，由前厅接待实训、前厅运转与管理、酒店信息系统和饭店营销实务课程组成。

对于旅游职业拓展岗位课程模块，在茶知识与茶艺服务实训、酒吧服务实训（调酒）、咖啡知识与制作实训、旅游摄影、旅游美学、出境领队实务、客源国概论中，任选两项构成。

旅游管理专业采用专业群通用课程体系的模板建立而成，具体如下：

第一，旅游第一职业岗位课程模块包括旅游法规与职业道德、导游基础知识（全国、地方）和导游服务能力。

第二，旅游第二职业岗位课程模块包括旅行社计调实务、旅行社经营管理、旅游电子商务和旅游市场营销。

第三，旅游第三职业岗位课程模块包括中、西餐服务实训，前厅与客房管理，餐厅管理与菜单设计。

（三）基于专业群已有课程资源，建立新的专业课程体系

专业群的优势之一是，新建专业在课程体系、培养模式、师资队伍和实训条件等方面，都会以群内原有骨干专业为基础和参照，使用通用课程体系建设新专业，以便可以有效利用专业群的各种资源。某些高职院校的旅游管理专业群在建设国际邮轮乘务管理专业时，没有完全遵循其他院校的建设经验，而是在对人才培养目标进行调研以后，结合自身优势，建立了符合本院专业群特征

的新专业。在旅游管理专业群现有教学平台的基础上，在邮轮旅游企业人力资源需求的岗位群中选定培养目标，在主要选择邮轮酒店部和邮轮旅游康乐部门就业岗位的基础上，选择适合的课程模块，形成具有特色的国际邮轮乘务管理专业（校企合作）模块化课程体系。

第三节 基于 1+X 证书制度的高职院校专业群课程体系构建

一、基于 1+X 证书制度的高职院校专业群课程体系构建的价值属性

（一）体现多方主体参与，制定符合各方需求的课程目标

根据"职教20条"可知，"X"证书是在中华人民共和国人力资源和社会保障部办公厅、中央教育行政部门统筹指导和监督管理下，由职业教育培训评价组织（以下简称"培训评价组织"）采用社会化建设机制负责开发、考核、颁发的职业技能等级证书，并由职业学校负责 1+X 证书制度的具体实施。因此，1+X 证书制度的实行是一个多方主体参与的过程，包括进行统筹管理的政府，设计评价方案的培训评价组织，参与具体实施的职业院校和应用型本科院校，以及学习、考证的学生。其中，培训评价组织是首次引进的新主体，其原型可看作通过社会化机制择优遴选出来的社会培训组织，由其承担培训标准与证书的开发。

由培训评价组织进行培训和考核，客观上统一了全国职业技能等级标准，

并提高了行业、企业在培养职业技能人才过程中的话语权，符合"放管服"（简政放权、放管结合、优化服务）改革的要求。1+X 证书制度的多方主体参与性，保障了通过 1+X 证书制度满足多元需求的专业群课程目标的制定，同时满足了政府、企业、学校和学生对课程系统性、实用性、育人性、发展性的要求。

（二）根据职业技能导向，确定基于不同能力要素的课程类型

1+X 证书制度的核心和关键在于"X"证书的开发。2020 年版《职业技能等级标准开发指南（试行）》（以下简称《指南》）将"职业技能"定义为"个体完成某个职业岗位或职业岗位群工作任务的能力"。高职院校的学生可以通过深入分析产业升级、行业进步、人才培养现实情况与个体发展需要对职业技能的需求，借鉴典型工作任务分析法，依据"工作领域—工作任务—职业技能要求"的路径，发展所需的职业能力。

《指南》规定职业技能是胜任工作任务所需的职业素养、专业知识和技术技能的综合体现，一般可从行为、条件、标准、结果四个要素对职业技能进行描述，并且内容必须具体、明确。基于实际工作任务开发的综合职业技能，可以对高职院校课程的开发和设置提供有利指导。同时，高职院校可根据不同能力要素，制定相应类型专业课程，培养能够满足多元化需求的高素质技术技能人才。

（三）基于"1"与"X"的协同关系，理清各类课程内在关系

囿于职业教育跨界性的特殊属性，如何把握职业性与教育性的平衡，一直是近年来职业教育领域的研究重点。双证书制度之所以在落实过程中存在一些问题，很大原因在于双证书出自不同的体系，有着不同的逻辑、标准和适用规则，因此两者之间的融合难度较大，很难在职业教育课程体系和教育过程中 1+X 证书制度有机地贯彻落实。

"1+X 证书"中的两类证书是相辅相成的协同关系，从职业教育人才培养大计出发，既注重"1"，即对学历证书作用的发挥，又鼓励学生积极获得"X"，

即其他职业技能等级证书，用"1"夯实发展基础，用"X"养成职业技能，从而有效应对和缓解结构性就业矛盾。"1"与"X"之间是协同、整体的关系，"1"是"X"的基础，"X"是"1"的强化、补充或拓展，明确两者关系是帮助高职院校理清专业群各类课程内部关系的前提，良好的课程关系应符合人才培养规律，利于推动课程质量的提高以及人才职业能力的持续性发展。

（四）区分"X"证书功能，提供个性化课程结构组合

高职院校应基于"1"与"X"之间基础与强化、补充与拓展的关系，以本专业"1"证书为基点，区分"X"证书的差异化功能，为学生提供更多选择。

强化型"X"证书是对专业知识的纵向深化，能够考查学生更高难度和层次的技能水平，适合以后从事本专业相关岗位工作的学生考取；补充型"X"证书考查的职业技能与本专业不一致、属于同一行业的不同专业方向的专业技能，适合以后从事行业内其他岗位或对其他岗位感兴趣的学生考取，并且可在横向上填补学生的专业技能空白；拓展型"X"证书则是对跨行业职业技能的考查，一般是两个或两个以上不同专业的复合，例如智能网联汽车共享出行服务职业技能等级证书就涉及汽车、电子、软件等专业，这类证书符合新时代对复合型人才的需求，也有利于学生对于综合性、复合性职业能力的培养。

基于不同功能的"X"证书，学校可提供不同的课程选择，在满足人才培养要求的基础上，学生也可根据个人需要，个性化搭建课程结构，拓宽就业面，提高个人能力。

二、基于 1+X 证书制度的高职院校专业群课程体系的构建

在 1+X 证书制度背景下，研究高职院校专业群课程体系的构建，其根本在于专业群建设与课程体系建设。以下将以 1+X 证书制度的优势为逻辑起点，

以汽车运用与维修技术专业群为例，探索新型高职院校专业群课程体系的构建路径。

（一）基于"X"证书面向的岗位群，确定专业群组成

专业群是指高职院校围绕某一技术领域或服务领域，依据自身独特的办学优势与服务面向，以学校优势或特色专业为核心，按行业基础、技术基础相同或相近原则，充分融合相关专业而形成的专业集合。专业群一般由3~5个相关专业组成，面向同一产业中的不同职业岗位，其构成专业应当以相关行业主要需求岗位为基础，依托当地区域经济特色与优势企业，在"X"证书标准面向岗位群中选取。

专业群以主导的龙头专业为核心，辅之以与延伸产业链相对应的相关专业，力求实现高职院校专业群与企业岗位群的对接。以汽车运用与维修技术专业群为例，其对应的主要"X"证书为汽车运用与维修职业技能等级证书。根据证书标准中所对应的11个工种28个岗位，将该专业对应的岗位大致分为以下三类：

一是加工制造类岗位，包括汽车制造人员、汽车零部件加工人员、饰件生产加工人员、汽车生产线操作工、汽车饰件制造工、汽车零部件再制造工和汽车整车制造人员等。

二是维修检测类岗位，主要包括汽车维修工。

三是工程技术类岗位，包括汽车工程技术人员、汽车运用工程技术人员等。

根据岗位群进行分类，并且结合当前汽车行业对人才的实际需求量，可将汽车运用与维修技术专业群的组成专业确定为汽车运用与维修技术、汽车制造与装配技术、汽车智能技术，其中以汽车运用与维修技术专业为核心。

（二）基于"X"证书不同功能，确定课程类型

有学者总结了当前高职院校专业群课程体系的两种构建模式：

一是"平台+模块"高职院校专业群课程体系，平台课程根据技术技能人

才应具备的共同性知识和基本技能进行设置，模块课程则根据不同专业方向进行设置，由特色课程组成。

二是"三层级架构"高职院校专业群课程体系，这种课程体系有"底层共享、中层分立、高层互选"和"底层共享、中层互融、高层互选"两种变式。

两种模式各有其构建逻辑，专业群课程体系究竟适合哪种构建模式，取决于其自身的产业人才需求。"平台+模块"高职院校专业群课程体系聚焦同行业内不同专业技能的深化与补充，而"三层级架构"高职院校专业群课程体系不仅注重同行业职业技能的培训，而且关注与其他行业职业技能的交叉及复合。产业所需人才的能力要素一定程度上可反映在相关"X"证书的开发上，"X"证书基于有关工作基础，进一步聚焦和反映产业、行业的发展趋势和要求，要求职业技能反映新技术、新工艺、新规范和新要求，通过对"X"证书所考查的技能要求进行归纳，可确定专业课程类型。

以汽车运用与维修技术专业群为例，在中华人民共和国教育部职业技能等级证书信息管理服务平台，搜索与"汽车"相关的"X"证书，总计12种，其中，汽车制造与装配专业可报考5种、汽车智能技术专业可报考9种、汽车运用与维修专业则全部证书都可以报考。对所有证书所面向的岗位群与专业群进行归纳分析，依据行业通用技能、岗位专门技能、智能技术和市场服务4个指标，对12种证书进行分类，能够确定每类证书的属性与功能。

行业通用技能指标表明，证书考查的是与专业直接相关的职业技能，此类证书可定位为强化型证书，如汽车运用与维修职业技能等级证书。岗位专门技能是指同一行业不同岗位所需要的专门技能，是对专业知识和技能的补充，涉及行业内的不同工作领域，如电动汽车高电压系统评测与维修职业技能等级证书、燃油汽车总装与调试职业技能等级证书、新能源汽车装调与测试职业技能等级证书的考取，分别是在传统汽车专业技能领域，对电动汽车、燃油汽车、新能源汽车知识的补充，这类补充型证书的考取有利于提高学生的专业技能，加深其对行业技能的整体性理解。智能技术和市场服务相对于汽车专业技能来说，均属于拓展性指标，反映了新时代汽车产业转型对新兴复合人才的现实要求,是汽车专业与计算机、服务管理类专业知识的交叉运用。

根据产业所需人才的不同能力要素,对相关的"X"证书的类型进行定位,可将汽车运用与维修专业群的课程类型划分为公共基础课程、公共专业课程、专业方向课程与专业拓展课程。其中,公共专业课程为专业群基础课程,专业方向课程是基于专业群内不同专业的核心课程,两者都对应强化型"X"证书的内容;专业拓展课程则是对专业群内专业课程的补充和不同专业群间课程的交叉拓展。

(三)依托"1"与"X"协同关系,理清课程体系内部的横、纵向关系

正如前文所言,"1"与"X"是基础与强化、补充与拓展的关系。"1"注重培养学生解决一般性或日常性问题的通识能力,如计算、阅读、写作或交流等,通常是可迁移的、广泛的;"X"则是培养学生与职业活动直接相关的专业能力,包括专业通用能力、专业核心能力与专业拓展能力。两者相辅相成,共同促进学生综合职业能力的形成与提高。

通识能力与专业能力之间的联系影响着高职院校专业群课程体系内部关系的建立。就学校层面而言,公共基础课程培养学生的通识能力,学生专业能力的获得必须以通识能力为基础,它潜移默化地影响着学生对专业能力的分析、判断、理解、组织、运用与评价;专业课程则主要培养学生的专业能力,公共专业课程、专业方向课程与专业拓展课程分别对应学生专业通用能力、专业核心能力与专业拓展能力的习得,这三种能力对个体的要求依次提高,专业通用能力门槛最低,专业拓展能力等级最高。基于对通识能力与专业能力之间关系的处理,可从横向、纵向两个维度,对课程体系内部的关系进行思考。

一方面,公共基础课程与专业课程横向并重发展。公共基础课程与专业课程是基础与主体的关系,但两者不存在高低先后关系,高职院校应同等重视人文素养导向的公共基础课程与职业能力导向的专业课程,在不同阶段,基于人

才发展规律，设置不同难度的公共基础课程和专业课程，以满足学生通识能力与专业能力的持续、平衡发展。

另一方面，专业课程纵向深化的程度更高。比起公共基础课程的纵向深化，专业课程纵向深化基于对专业能力要求的提高而更为显著。公共专业课程涉及对专业群专业知识和技能的一般性了解，是培养专业能力的基础与前提，是所有专业群学生的必修课。专业方向课程则是以专业群内部专业为导向的，是不同专业学生需要学习的与本专业相关的专业核心知识和技能，学校可依据学生专业基础能力、学校教学现状和学生意愿等，挑选部分专业方向课程进入专业拓展课程的补充模块。专业拓展课程分为专业群内部的补充课程和专业群外部的拓展课程，可供学生自由挑选，对学生的能力要求也最高。

（四）基于 1+X 证书制度的高职院校专业群课程体系的构建——以汽车运用与维修技术专业群为例

首先，高职院校可以对与汽车专业相关的"X"证书面向的岗位群，进行归纳梳理之后，结合当前汽车行业人才现实需求与学校教学现状，将汽车运用与维修技术专业群内的专业，确定为汽车制造与装备技术专业、汽车运用与维修技术专业和汽车智能技术专业，在《普通高等学校高等职业教育（专科）专业目录》中分别属于装备制造大类、交通运输大类与电子信息大类。以上表明，在新时代，产业转型正在打破传统行业间的隔离状态，复合型技术技能人才的培养契合了"工业 4.0"时代的发展。

其次，高职院校应查询上述三个专业的国家专业教学标准，了解各自公共基础课程与专业课程的构成情况，为后续搭建高职院校专业群课程体系奠定良好的基础。

汽车运用与维修技术高职院校专业群课程体系包括公共基础课、公共专业课、专业方向课和专业拓展课。根据有关文件规定，将思想政治理论、中华优秀传统文化、体育、军事理论与军训、大学生职业发展与就业指导、心理健康教育等列入公共基础必修课,将党史国史、劳动教育、创新创业教育、大学语文、信息技术、高等数学、公共外语、健康教育、美育、职业素养等列入必修课或选修课。专业群根据专业要求,从中自行选取,公共专业课为专业群内三个专业必须共同学习的课程,与汽车一般性知识和技能有关,参考三个专业的国家专业教学标准与实际教学供给,将公共专业课确定为机械制图、电工电子技术、汽车英语、发动机原理与汽车理论、汽车机械基础、工程力学、汽车运行材料等,培养学生有关汽车行业的通识能力。专业方向课程依据不同的专业来确定,学校可根据学生需求或企业需求,选取部分专业方向课程,纳入专业拓展课程。

最后,专业拓展课程包括专业群内部的补充拓展与专业群外的复合拓展,学生可自由挑选课程,考取对应的补充型"X"证书或拓展型"X"证书。

基于1+X证书制度的高职院校专业群课程体系的构建,满足了新时代1+X证书制度人才培养模式与"双高计划"的要求。以"X"证书分析为逻辑起点,通过确定面向岗位群需求的专业群组成和基于现实需求的课程类型,把握"1"与"X"内部协同关系,立足综合职业能力观,明确各类课程组织关系,最终构建能满足教育教学改善、产业需求和人才能力发展规律的高职院校专业群课程体系。

此外,在实际构建过程中,仍有很多问题值得思索,如关于专业群内补充课程与专业群外拓展课程的确定与区分、专业方向课程之间的联系,以及"X"证书与专业拓展课程的对应等。

第四节 高职院校大数据技术应用专业人才的培养模式

近年来，大数据应用已经在各行各业掀起一股产业技术革新浪潮。大数据的应用从互联网、金融领域逐步扩展到教育、政务、交通物流和医疗健康等领域，深刻影响着中国未来社会和经济的发展进程。由于信息技术与人类生活环境的融合，全球数据呈现爆发增长、海量集聚的特点，大数据对经济发展、社会治理、人民生活都产生了巨大的影响。

一、人才培养模式更新的背景

在经济与社会持续、快速发展的当下，市场对大数据技术应用专业人才的需求日益旺盛。高职院校作为技能型人才培养的"摇篮"，其大数据技术应用专业人才培养模式必须紧密贴合这一发展趋势。

基于经济社会发展和市场的需求，高职院校应构建一种前瞻性强、实用性高的大数据技术应用专业人才培养体系。这一体系不仅要求注重理论知识的传授，而且强调实践能力的培养，确保学生能够掌握最新的大数据技术和应用方法，满足社会对大数据人才的多元化需求。

同时，高职院校还应积极与企业合作，搭建产教融合的平台，使学生能够在真实的工作环境中锻炼技能，提高解决实际问题的能力，从而为社会培养出更多既懂技术，又懂业务的高素质大数据人才。

二、高职院校专业群改革的需要

从信息技术（Information Technology，简称 IT）专业群的发展来看，与大数据应用技术相关专业和课程的建设已经成为带动其他专业发展的"发动机"。电子商务专业需要运用大数据技术，分析客户和商品的信息，指导商家对客户进行精准定位和跟踪；软件技术专业利用大数据，拓展人工智能相关研究和实践；网络技术专业利用大数据，推进云计算技术的教学实践。

高职院校培养大数据技术应用专业人才，帮助他们重点掌握大数据系统的基本概念、大数据应用的设计与开发能力、数据采集与预处理能力、大数据系统搭建运维能力、数据挖掘与大数据分析能力、大数据可视化应用能力等，并着重在大数据应用开发、大数据系统运维、大数据处理三个层面满足大数据技术发展过程中对人才培养的需求。

三、大数据技术与应用专业人才培养的探索

随着国家对大数据的日益重视，大数据已成为国家战略性新兴产业的发展方向之一。未来将不再是单纯的 IT 时代，而是 DT（Data technology，即数据处理技术）时代，也就是大数据时代，大数据技术将为多个产业方向带来革命性影响。大数据涉及大规模并行处理数据库、数据挖掘、分布式数据库等技术，其技术体系复杂且发展迅速，因此大数据专业群建设与传统专业不同，在课程体系、师资团队、基础设施、教学模式等方面，存在亟需解决的问题。

（一）建立校企合作机制

企业有丰富的大数据行业经验，积淀了丰富的技术、完善的平台体系、领先的技术架构和真实的案例。高职院校可以通过校企合作的方式，利用这些一线的大数据行业经验，总结出大数据行业需求，结合本身的人才岗位结构及技

能要求，最终将其转换为高职院校所需的大数据课程体系。

（二）制定专业群课程体系培养目标

大数据专业群建设思路依据专业群建设的顶层设计思路，以大数据行业人才需求为起点，结合高职院校实际办学情况，协助高职院校进行大数据专业群建设顶层设计，并为高职院校在课程体系、师资团队、基础设施、智慧教育平台等方面，提供符合专业办学条件的建设性服务。

大数据专业群的培养目标包括以下方面：

第一，大数据专业培养学生拥护党的基本路线，实现德、智、体、美全面发展，重点培养学生掌握大数据技术的基本概念、基本原理、基本使用方法等基础理论知识，使得学生具有较强的动手能力、良好的职业素质和创新创业精神，具备数据采集和数据处理能力、实用数据分析和初步数据建模能力。

第二，在专业方向上，学生需要掌握大数据核心技术、数据库原理、大数据安全、数据仓库与数据挖掘、非关系型数据库等专业岗位技能。据此，学生在毕业后可以从事大数据项目实施、大数据运维、大数据产品研发与应用、大数据产品服务等相关岗位的工作。

（三）引入大数据相关教学资源

教学资源基于真实项目转化，所有内容均直接使用项目研发过程资料以及与大数据实时分析系统的研发任务相关的工作资源，能够引导学生从零开始完成一项大数据实时分析系统的研发工作。大数据教学实验平台以大数据技术的教学引导为产品设计的出发点，为高职院校提供了大数据科研教学所需的教学系统、课程资源和大数据实验环境。

大数据教学实验平台的建设，需要包括教学管理组件、大数据实验组件、大数据基础教学课程包等在内的一系列核心组件。大数据教学实验平台基于云计算与虚拟化核心技术，提供专业建设、教学实验、学术交流、实验报告、考试管理、课程评价、学习笔记、学习计划和学习情况的统计分析等功能，以"教程结合实训"的方式，推动学生学习大数据技术，辅助教师进行大数据教学，从而帮助学生快速提高学习效率。另外，大数据教学实验平台还为师生内置了Hadoop、Spark、Hive、HBase、Storm等大数据集群实验环境，力图实现学生"动手做实验，高效学技术"的目标。

1. 基础教学资源

作为基础教学资源，大数据基础教学课程包在行业实践中得以提炼出来，从基础到核心，从认知到技术应用，有层次、有体系、多维度地为高职院校提供大数据专业群建设所需的教材资源，包括电子教材、纸质实训指导书、软件安装包和程序源码等，助力教师教学以及学生快速学习掌握知识。另外，其教材涉及当前主流、热门的核心技术，为学生今后就业提供专业与技术保障。

2. 实践教学资源

作为实践教学资源的实战案例，源于企业真实的行业应用转化。

一方面，高职院校的教师通过这些实战案例，对项目整体需求分析、项目架构设计及技术选型、项目生产环境及部署、项目开发流程、数据可视化等大数据项目开发流程进行详细分解教学，并且通过多个典型的实际行业应用，让学生了解行业实际需求，掌握实际开发技术，从而能够在毕业后快速与企业需求对接。

另一方面，学生应以目前流行的企业主流技术 Hadoop、Spark、Storm、HBase、Hive、Pig、Zoo Keeper 等为主，结合行业数据，从实际需求出发，学习和开发大数据应用，并在实战案例中将大数据技术进行分解和剖析，包括架构特性、部署、管理、开发和调优等，然后通过由浅入深、理论结合实践的学习方法，全面掌握大数据应用技术。

参考文献

[1]卢正才. "双高计划"背景下专业群建设的逻辑要求与实践路径研究：以大数据技术专业群为例[J]. 科技风，2024（8）：156-158.

[2]张明，孙晓丽. 高职院校专业群资源信息化建设现状及改进措施[J]. 科技创新与生产力，2024，45（5）：32-34，38.

[3]朱凌华. 基于现代信息技术的高职院校专业群建设路径研究[J]. 湖北开放职业学院学报，2023，36（24）：146-148.

[4]康安琪. 广西高职专业群建设评价体系构建研究[D]. 南宁：南宁师范大学，2023.

[5]李神敏. 湾区九市高职院校智能制造专业群与产业集群的适应性研究[D]. 广州：广东技术师范大学，2023.

[6]谭宇. 高职院校专业建设的区域适应性研究：以制造类专业为例[D]. 成都：四川师范大学，2023.

[7]张成杰. 苏州市高等职业教育专业结构与产业结构适配性研究[D]. 长春：吉林农业大学，2023.

[8]刘文静. 高职院校专业群内涵建设研究：基于"生本效应"的分析[D]. 秦皇岛：河北科技师范学院，2023.

[9]李珺. 河南省高职院校高水平专业群建设研究：基于六所高职院校的调研[D]. 郑州：河南大学，2022.

[10]王丽楠. 天津市高职院校专业设置对接产业结构研究[D]. 天津：天津财经大学，2022.

[11]周娜. 高职院校专业群的组建逻辑研究：以冀皖晋四所学校为例[D]. 秦皇岛：河北科技师范学院，2022.

[12]翁幸. 高等职业教育专业设置与区域产业发展协调性研究：以浙江省

为例[D]. 天津：天津大学，2022.

[13]刘静. "双高计划"背景下成都市高职院校专业动态调整策略研究[D]. 成都：西南民族大学，2021.

[14]殷航. 本科职业教育专业定位研究[D]. 天津：天津大学，2021.

[15]宋亚峰. 高职专业群生态系统的协同进化研究[D]. 天津：天津大学，2021.

[16]许丽丽. 职业教育专业群课程秩序研究[D]. 重庆：西南大学，2021.

[17]周柯. 高职院校专业群建设模式研究[D]. 天津：天津大学，2021.

[18]许朝山. 地方产业转型升级背景下高职院校专业设置及优化机制研究[D]. 合肥：中国科学技术大学，2020.

[19]刘晓宁. "四新"背景下高职院校新兴专业建设研究[D]. 苏州：苏州大学，2020.

[20]任聪敏. 高等职业教育专业结构与产业结构适应性研究：以浙江省为例[D]. 上海：华东师范大学，2019.

[21]张等菊. 高职教育专业设置的管理机制研究[D]. 厦门：厦门大学，2019.

[22]张栋科. 高职院校专业群建设的价值取向与行动路径研究[D]. 天津：天津大学，2018.

[23]沈军. 职业院校专业建设 CIPP 评价模式实践研究[D]. 重庆：西南大学，2016.